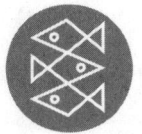

Herbert Achternbusch, geboren 1938 in München, wuchs bei seiner Großmutter im Bayerischen Wald auf. Nach dem Abitur studierte er Malerei an der Kunstakademie Nürnberg; verschiedene Tätigkeiten, z. B. Zigarettenverkäufer auf dem Oktoberfest; zahlreiche Veröffentlichungen (u. a. *Das Kamel, Der Tag wird kommen, Land in Sicht, Es ist ein Leichtes beim Gehen den Boden zu berühren, Breitenbach, Es ist niemand da*) und Filme (u. a. *Das Andechser Gefühl, Bierkampf, Die Atlantikschwimmer, Der Neger Erwin, Das letzte Loch, Das Gespenst, Mix Wix, I Know the Way to the Hofbrauhaus, Ab nach Tibet!*). Herbert Achternbusch erhielt mehrere Preise, darunter die Ludwig-Thoma-Medaille der Stadt München und den Petrarca-Preis (1977, abgelehnt). Für sein Stück *Der Stiefel und sein Socken*, das im Dezember 1993 in seiner eigenen Regie an den Münchner Kammerspielen uraufgeführt wurde, erhielt Achternbusch 1994 zum zweiten Mal den Mülheimer Dramatikerpreis. Sein Roman *Hundstage* erschien im Frühjahr 1995 im S. Fischer Verlag, sein Film *Hades* wurde für den offiziellen Wettbewerb der Berliner Filmfestspiele 1995 ausgewählt. Herbert Achternbusch wurde 1999 mit dem Münchner Hofrichter-Preis für sein Gesamtwerk ausgezeichnet und gewürdigt. Er lebt abwechselnd in München und bei Zwettl/Niederösterreich.

Weitere Informationen zu Herbert Achternbusch:
www.fischertheater.de

Herbert Achternbusch
Der gelbe Hahn der Nacht

Vier Theaterstücke

Fischer Taschenbuch Verlag

Theater
Eine Reihe des Fischer Taschenbuch Verlags
Herausgegeben von Uwe B. Carstensen und Stefanie von Lieven

Originalausgabe
Veröffentlicht im Fischer Taschenbuch Verlag,
einem Unternehmen der S. Fischer Verlag GmbH,
Frankfurt am Main, Dezember 2008

Aufführungsrechte: S. Fischer Verlag GmbH, Frankfurt am Main
Satz: ottomedien, Darmstadt
Druck und Bindung: Druckerei C. H. Beck, Nördlingen
Printed in Germany
ISBN 978-3-596-18173-5

Inhalt

Vorwort

Das Theater ohne Schriftsteller ist ein Theater der Hanswursten. Ich verdanke die Pflege des Wortes auf der Bühne Dieter Dorn. *Die Perser* von Aischylos in den Kammerspielen waren ein Labsal. Ich kam von den Griechen nicht mehr los.

Annamirl bewährte sich in der Welt des Theaters groß und artig. Sie mußte immer Hühner haben. Wenn zwei Hennen brüteten, waren die Küken ordentlich geteilt in die zwei Geschlechter. Aber wegen ihrer ständigen Zeugungsbereitschaft mußten die Hähnchen ausgeschaltet werden. Da sich niemand fand, ihr bei der Schlachtung zu helfen, und die Gefahr zu groß war, daß sie sich allein bei der Betätigung des Kopfabschlagens verletzte, blieb nur ich. Sie hielt den Körper, ich den Kopf und schlug ihn ab, tschak! Ich mochte das schon als Kind, und ein Schriftsteller mit blutigen Händen ist fein heraußen. Tschak, sagte ich beim Hieb, beim Fallen des Kopfes sagte ich: Ab nach Tibet! Weil da die Buddhisten an die Wiedergeburt glauben.

Der Weltmeister

Ein Theaterstück
zu Adolf Hitler

Für Herbert Muckenthaler, meinen Onkel, 1922–1930

Weltmeistersüchtig wie sie sind, erkennen die Deutschen die wahre Sachlage nicht, in der sich ihre Seelen befinden: Sie haben Adolf Hitler über alles geliebt und kennen die Liebe nicht mehr.

Rollen

HITLER
LUISE
OMA
BIERBICHLER
ANNAMIRL

HITLER Gnädige Frau, was haben Sie hier für ein wunderbar herrliches Bild: Eine Gebirgslandschaft aus dem Innersten der Seele gedrückt, wird sie von unseren Blicken gestillt. Da darf man nicht wegsehen, nein, das darf man nicht.

OMA Mhm, wenn mir einer mit der Allergnädigsten kommt, dann weiß ich Bescheid: aufputzen für eine Tasse Kaffee.

LUISE Aber Mama, du kannst doch das Allerheiligste, den Führer, nicht so stehen lassen.

OMA Doch, da rinnt was weg von ihm. Der kann sich nicht in den Polsterstuhl setzen und erst recht nicht auf mein Bett, auf das vom Herbert auch nicht. Jetzt hast ihn, mit deinem allerrotesten Kleid, magst ihn nicht ein wenig herumtragen? Zeig ihm den Ofen, auf daß er sich einbilden kann: Nur durch ihn haben wir diesen Wamsler. Tatsächlich tragt sie ihn, und es graust ihr nicht. Was das nur für eine Schmiere ist, die von ihm weggeht? Was er immer heimzieht, der Herbert. Jetzt auch noch den Hitler, als reichten die Frösche und Maikäfer nicht. Neulich hat er tatsächlich eine Halskette gehabt mit Schwänzen, Schwänzen von Männern, sagt er auch noch kaltblütig. Gefehlt hat eigentlich nur noch der Hitler. Wo er den wohl aufgetrieben hat?!

LUISE Ach mein Hitlerlein, mein süßes Hitlerlein, mach Bäuerchen. Dein spitzes Bäuchlein drückt gar arg auf meine Schultern.

HITLER Noch ein wenig höher heben und auf den Allerwertesten geklopft, dann kommt er gleich, der Luftrülpel, der durch meinen Leib poltert. Mit so viel Luft angefüllt war ich noch nie.

LUISE   Doch doch! Als Sie Stalingrad aufgeben mußten, da war es ähnlich. Auch ich war hinundhergerissen. Können Sie wieder allein stehen, denn Sie allein so lange angefaßt zu haben, ist mir unheimlich, schön dieses allerbraunste Führerhauptquartiersakko, jaja, Wiener Schule, gute Schneider, diese Juden.

HITLER   Die besten. Schade, daß sie mir nichts nachließen. 412 Anzüge an einem Donnerstag und kein Rabatt. Da war ihr Schicksal besiegelt. Einem jeden Dahergelaufenen und Kommunisten gaben sie Rabatt, nur mir nicht. Auf Handschuhe, Mützen und Mäntel und mehr. Mir nicht! Da beschloß ich allein im Innersten, wo die Welt auseinanderfällt, ich sie aber zusammenhalte, ihre Vernichtung.

OMA   Ist schon recht, aber er stinkt nicht, haben sie doch immer gesagt, daß er so stinkt. Ich rieche nichts.

LUISE   Der Führer ist so omnipotent, daß es partielle Ausfälle gibt, eben bei Körperflüssigkeit kann der Geruch ausbleiben. Wenn man ihm ganz schnell den Hut abnimmt, ist kein Scheitel da. Schau, jetzt kommt der Scheitel wieder.

HITLER   Sie haben hier ein wohnliches Heim: alles geordnet. Zwei Betten an ihrem Platz, dazwischen das dreitorige Fenster voll des Lichtes. Bei Ihrem heiteren Wesen verweilt der Trübsinn draußen.

OMA   Mir wird ganz schwummelig ... Jaja, der Trübsinn, manchmal hängt er von der Lärche runter mit den zotteligen Zäpfchen gleich meterlang.

LUISE   Der Lärchbaum, sagt sie sonst immer ... ihr Vater pflanzte die Lärche zu ihrer Geburt, wissen Sie, Herr Hitler, das darf man ja jetzt sagen, da Sie sich in unser Zimmer rein-

ließen. Den Herrn Großvater habe ich nicht mehr kennengelernt, weil er ist zu früh gestorben. Erst 4 Jahre nach seinem
Tod habe ich es auf die Welt geschafft. Es hat mir pressiert,
aber eher ging es nicht.

OMA Ja, du bist nach meinem Vater geraten: immer stolz und
unnachgiebig, überlegt und zuvorkommend. Zu jung gestorben ist er aber nicht, nur ich bin zu spät gekommen. Er war
schon über 50, als ich mich hervorwagte.

HITLER Haben es sich halt lange überlegt, gnädige Frau.

OMA Ja, ich wisch dir gleich deinen Dreck weg. Obwohl ich
nicht weiß, was es ist, graust mir so.

HITLER Jaja, auf die Welt ist gleich gekommen, aber da sein
ohne scharfe Vorstellungen und ausgeliefert allen anderen, da
heißt es bedachtsam sein und zugreifen und ein Tempo an-
schlagen, daß keiner mitkommt. Ich denk natürlich an den
Hund, seinen Biß, seine Ausdauer, seine Treue, den Aufblick!
Das ist das Entscheidende, der Aufblick. Als ich Ihren Sohn,
den Herbert, niedersinken sah und wie er, in meinen Schritt
fallend, kniete und sein Köpfchen auf meine rechte Wade
legte, da war das alles lebensgefährlich. Doch dann, als er auf-
blickte und sich unsere Blicke unzertrennlich in die Ewigkeit
bewegten, da wußte ich mich verstanden, einmal verstanden.
Da die Mutter gerade erkrankt war und in Berlin operiert werden mußte, sorgte ich für ein Kinderheim, ein süßes liebliches
Kinderheim in den Alpen bei Innsbruck oder St. Johann. Und
es ging wieder bergauf.

LUISE Die Mutter bin ich.

HITLER Sie! Die Frau meiner Träume kann doch nicht Mutter
sein. Nur die Frauen meiner Wirklichkeit sollten Kinder ge-
bären. Ich dachte, sie, die Allergnädigste, sei die Mutter von
Herbert.

OMA Ja, ich mit meinem Ranzen! Nach vier Kindern noch einmal und das mit fünfzig, mir gangst! Hätte ich mir ja gar keinen Vater gewußt! Oder?

LUISE Herr Hitler, ich bitte doch sehr um Verzeihung und Nachsicht –

HITLER Bitte! Bitte! Sie haben mich nicht verschleppt. Ich bin selbst eingetreten.

LUISE Oh, mein geliebter Führer, wenn Sie nur wüßten, in wie vielen deutschen Haushalten, ja Behindertenheimen und Galerien, Ihr Besuch auf das heißeste erwünscht wird, selbst die Kirchen in ihrem alten Neid und ihrer grellen Eifersucht würden bei Ihrem Erscheinen landauf und landab Dankgottesdienste halten und das Halleluja so begeistert singen, daß die unzähligen Tannen vor Scharlachröte Scharlach bekämen.

HITLER Zuckersüß, zuckersüß, Allerwerteste.

OMA Jetzt wird es Zeit, daß der Herbert kommt, denn der Apfelstrudel ist gleich fertig, heiß ist er ihm am liebsten. Oder soll ich vorher dem sein Geseiche wegwischen?! Nein, dann graust mir beim Essen, das mache ich lieber nach dem Essen.

HITLER Darf ich mich setzen?

OMA Nein! Höchstens auf den Tisch. Das Wachstuch kann ich dann abwischen. Hilf mir ihn hochheben, Luiserl, denn so leicht ist der Hitler doch nicht, wie er aussieht.

HITLER Danke. Allergnädigste haben mich beehrt, auf die Türe zu blicken, etwaigen Besuch als erster zu erblicken und die Mäntel zu zählen, die an der Tür hängen. Gute Idee der Wärmedämmung und verursacht keine Sonderkosten. Oh, wenn mein Volk so einfach wäre wie diese, bräuchte es mich nicht, und ich könnte meine ganze Freizeit bei Ihnen verweilen.

OMA Nun ja.

LUISE Mein Führer! Es ist, was der Welt so ungleich war, noch immer am Werk. Sie haben, von vielen Geschossen durchbohrt, standgehalten. Was Sie getan haben, ist, als hätten Sie das Einmaleins nochmals erfunden, nun für Jedermann verständlich. Sie haben nicht die Blindenschrift zur obersten Ihrer Maxime gemacht –

OMA Was redest du wieder für ein Zeug und so geschwollen. Mir sind alle Überlegungen nach dem Tod meines Sohnes Herbert vergangen.

HITLER Also doch die Mama.

LUISE Die Mama bin schon ich, aber weil mein Bruder auf so grausame Weise von mir gehen mußte und der Mama und den anderen Schwestern, zwei, da haben wir meinen Sohn zum Andenken an meinen Bruder Herbert genannt.

HITLER Da gibt es Holland und Belgien und auf einmal nicht mehr, genial! Nennt Belgien, als es untergegangen war, auch Holland. Und so geschah es. Das Einfache muß so einfach sein, daß man es brüllen kann und doch verstehen!

OMA Jetzt muß ich doch einmal auf das Häuschen. Der regt mich auf. Als hätte es zu seinen Lebzeiten nicht genug Tote gegeben, muß er sich auch noch über meinen Herbert hermachen.

LUISE Ja, die Mama, wenn sie nicht ihr Gebiß drinnen hat, versteht man sie kaum.

HITLER Mit Gebiß spricht sie deutlicher?

LUISE Nein. Sehen Sie, Herr Führer, das ist ihr Gebiß, ein Obergebiß in gutem Zustand und ohne Gold.

HITLER Wie lobenswert. Es ist der Gesundheitsfaktor des Goldes zu wenig erwiesen, als daß Goldzähne gerechtfertig seien. Das Wasser ist grünlich.

LUISE Entschuldigen Sie vielmals, Herr Führer, das kommt nicht mehr vor, und wenn ich selbst das Zahnwasser auswechseln muß.

HITLER Aber nein, beunruhigen Sie doch die gute Mutter

nicht. Die Frau ist geschlagen genug, denn sicher wird sie meinen, daß ihr verstorbener Sohn mein Nachfolger geworden
wäre, wer weiß, die Demokratie liegt in allem drinnen und
muß nicht erst herausgestampft werden. Hätte sie bei meiner
Wahl ihres Sohnes zum Führer des Großdeutschen Reiches,
vielmehr zum Großeuropäischen Reich ihr Obergebiß in ihren
Mund geschoben?

LUISE Ja. Hoch und heilig sage ich: ja!

HITLER Bei welchem Anlasse trägt sie nun, da ihr Sohn leider
so jämmerlich verschieden ist, den Zahnersatz des Oberkie-
fers?

LUISE Nun ja, an Sonntagen, Feiertagen auch.

HITLER Geht sie in die Kirche?

LUISE Ja.

HITLER Ißt sie Knoblauch?

LUISE Ja, im Schweinebraten verwendet sie Knoblauch. Sie
geht aber in die Frühmesse, denn bei dem vielen Weihrauch
im Hochamt wird ihr regelrecht schlecht. Sie wird von Krämp-
fen gewürgt und muß das Obergebiß herausnehmen.

HITLER Und das möchte sie nicht.

LUISE Nein.

HITLER Gehe ich richtig in der Annahme, daß Ihre Frau Mama
nur während des sogenannten Gottesdienstes ihre falschen
Zähne trägt?

LUISE Ja, ich glaube schon. Ein Marienkäferchen hat sich auf
meine Hand gesetzt. So ein warmer Tag hat es aufgeweckt,
und nun ist es ganz durcheinander. Mama?! Hat es nicht ge-
poltert?

HITLER Sehr merkwürdig, der Zahngebrauch Ihrer Mutter,
ungewöhnlich, um nicht zu sagen provozierend. Beim garan-
tierten Nichtessen Zähne im Mund, die bei jedem Essen nicht
dabei sein dürfen …

LUISE Sie geht auch nach der Kirche nicht einkaufen wie die
anderen, bleibt nicht stehen, um zu ratschen. Trägt ihr Kostüm heim und erst dann entfernt sie das Gebiß aus dem Mund,
nur weil sie vor Gott nicht zahnlos stehen oder sitzen mochte.

HITLER Und sie wagt es, dieses Frauenzimmer, vor mich ohne
Gebiß zu treten, ich, der lebendige Gott auf Erden?

LUISE Entschuldigung, Verzeihung, tausendfach Verzeihung,
Gott und Führer.

HITLER Heulen Sie doch nicht Rotz und Wasser, das ist ja eke-
lig. Aber weil Sie schon vor meinen Knien knien, sage ich Ihnen, was die Pfütze, die sich um meine Füße sammelt, bein-
haltet: Es ist das Kostbarste, was dem deutschen Volke
geblieben ist, Rotz und Wasser, die es nach mir weint. Und,
glauben Sie mir, Allerwerteste, so privat die Millionen und
Abermillionen Deutsche MEINE Zeit erlebt haben, viele sind
zugrunde gegangen, die mir da zujubelten, und ich dachte, ja,
ich erhoffte mir, sie würden nicht in den Staub sinken, doch
war ihnen immer ein Eigenlos bestimmt, während ich in der
weitesten Steppe des Alleinseins der Verantwortung fremd und
ohne Erwartung auf Entsorgung stand. So fremd und wesen-
los war kein Soldat in Stalingrad wie ich in meiner Verantwortung, die mir kein Gott und kein Mensch abgenommen hat.
Das Kriegerdenkmal, das mir gebührt, muß erst ersonnen
werden. Hiroshima ist nichts dagegen. Denn solange noch ein
Mensch lebt, bin ich unfrei.

LUISE Warten's ein bisserl, Herr Führer, ich schau nach der
Mama – da bin ich wieder! Hingesunken ist hingesunken – sie
wird nach hinten in den Garten gegangen sein, Schnittlauch
für die Suppe holen. Einen schönen Anzug tragen Sie, Herr
Führer, englisch, sehr fein, hat man bei uns erst einige Zeit
nach dem Kriege gesehen.

HITLER Eine Uniform zu tragen, wäre jetzt altmodisch – oder

verfrüht – hahaha! Ich ließ mir in Wien nach der Reichskri-
stallnacht die Zähne richten, bei einem jüdischen Zahnarzt,
der mich am Hintereingang empfing und vermeiden wollte,
daß man in seiner Praxis, die ja schon geschlossen sein sollte,
Licht erblickte. Herr Hitler, hat er gesagt, Gold kann ich Ihnen nicht empfehlen. Denn ich wollte ganz hinten einen Gold-
zahn, ganz gegen meine Devise. Gold im Mund, sagte er, kann
gefährlich werden. Ohne ihn richtig zu verstehen, verzichtete
ich aufs Gold. Was würden Sie denn, allergnädigste Frau
Schild, für die drei Südtiroler Dolomitenzinnen verlangen?

LUISE Ach nein, die sind doch nur auf den hölzernen Boden
einer Käseschachtel gemalt –

HITLER Was für eine grandiose Idee: Ein Rundbild ist doch
dem menschlichen Schädel und seinem Rundblick die eingän-
gigste Form! Und zwei weiße Skier im Vordergrund ersparen
den Schnee …

LUISE Wie treffend formuliert, kurz gefaßt, frappant, einsich-
tig und umwerfend – ich hätte es nicht besser gekonnt, oh,
Verzeihung!

HITLER Darf ich, Allergnädigste, mich für eine kurze Weile
empfehlen, wenn ich fragen darf, wo? Dem Duft des Strudels
zu entkommen, wäre zu vorzeitig. Doch Allerwerteste, darf
ich Ihnen ein weltpolitisches Geheimnis allerersten Ranges
mitteilen: Im Strudel liegt der Schlüssel. Nicht ging ich nach
Deutschland, weil mir Österreich zu verrottet war, war ich
doch am waffenpolitischen Gang der Dinge noch nicht interessiert, sondern involviert in die Geheimnisse der Pinselstriche,
die wohl chaotisch in ihrem Angeborenen zu Anschaulichem,
Gefälligem, Mittelmäßigem werden: ja! Der Strudel war es,
der mich zur Macht greifen ließ. Des Wiener Strudels über-
drüssig mit seinen tausend Zubehörchen und seiner Überfülle
an Süßem, dem ganzen Weihnachten, konnte ich auch den

Mangel an Teig nicht gutheißen. So warf ich mich in ein frem-
des Land, Bayern: den Gepflogenheiten meiner Herkunft doch
gar nicht so ungeeignet. Teig war die Devise, mehr Teig, mehr
Biß, mehr Charakter, mehr Vollnahrungsmittel!

LUISE Aber bitte, wenn Sie müssen, gehen Sie doch. Auf dem
Speicher gehen Sie links, sozusagen diese Wand entlang, aber
außen. Das Holz ist aufgeschichtet, wärmt und spart Energie
des kurzen Weges wegen. Davor sehen Sie einen Eimer stehen,
unauffällig, doch nicht übersehbar. Sein Geruch geht um die
Welt, halb säuerlich, halb ärmlich, halb speckig, und doch Me-
tall, das ist unser Abort. Bitte!

HITLER Ich werde es schon finden.

LUISE Er geht tatsächlich – ob ich das überlebe. Doch schlimmer als der Tod meines Bruders, als ich 16 war, kann es nicht
werden. In Ohnmacht gefallen bin ich noch nie. Ich höre
nichts. Der Strudel ist angebrannt – um Gottes Willen! Nein,
nein, nur die überlaufende Milch. Wie war es?

HITLER Lassen Sie das doch mit dem Führer, wenn wir unter
uns sind. Adolf heiße ich. Ich bin doch auch ein Mensch, wie
Sie gerade erleben mußten. Wie es war? Einfach und weltweit.
Auch häuslich, das Stück Zeitungspapier über der Scheiße mit
Asche bestreut, die in der Tiefe eingenäßt am Rande doch
trocken verstreut. So einfache Lösungen wären in den KZs
nicht möglich gewesen, bei dem Andrang der Leute, obwohl
ich die einfachsten Lösungen immer bevorzugt habe, so gehört
zu deren Erfüllung doch die Berücksichtigung des Zusammen-
hanges von Masse und Bewegung. Stellen Sie sich ein Lager
vor mit 300 000 Insassen, von denen am Tag 100 000 verschwinden müssen, weil neue 100 000 anstehen. Das Chaos, das durch
eine Kübelromantik ausgebrochen wäre! Die Latrinenfrage
überwog an Wichtigkeit die der Unterkunft, denn alles mußte
der Eliminierung dienen, damit es nicht so weitergeht. Denn

es ging nicht mehr weiter. Ein Volk kommt erst an die Regierung, wenn es alle aussaugenden Kräfte abzuschütteln weiß in letzter Verzweiflungskraft, um sich aufzuschwingen aus der unterseitigen Übellaune in eine diesseitige Freude mit Ewigkeitsanspruch.

LUISE Schön, und Ihre Augen klettern über mein Kleid, erkennen Sie den roten Mohn? Als ich mir in der Mittagspause mit meiner Schwester eine Weißwurst teilen mußte, waren Sie, mein Führer, mir die zweite Weißwurst! Ich wußte, daß Sie mich zu einer zweiten Weißwurst führen würden!

HITLER Das ist doch Unsinn!

LUISE Das sagen Sie. Zu allen Kürzungen, Halbierungen waren Sie die Ergänzung. Eine halbe Weißwurst mit Freude verzehrt bringt mehr an Lebensqualität als zwei mit Überdruß in sich hineingestopft. Ich weiß nicht, wie Sie zu Weißwürsten stehen. Pardon, aber gerade Sie als Vegetarier werden verstehen, wie entwürdigend es für mich war, daß mir mein Chef blutiges Kalbfleisch auf das linke Knie legte. Ob das nun ein Halbarier oder Halbjude war, ist mir in diesem Fall wurst, er war auf jeden Fall ein Volldepp. Aber auch da dachte ich schon an Sie, daß mein Blick nicht gesenkt bleiben würde, sondern aufschauen können wird in einer schöneren Welt, die wir auch gehabt haben dank Ihnen. Und Ihrer Zuversicht. Ich will Ihnen nicht schmeicheln, denn Sie kennen ja schließlich die Wirklichkeit besser als unsereins. Sie waren der Gott der Zeit, dem nichts verborgen blieb. Ach bitte, bleiben Sie noch ein wenig! Ich habe Ihnen doch noch gar nicht das mit dem Fahrrad erzählt, auf das ich als kleine Sekretärin hinsparte. Ein weißes Fahrrad wurde mir gestohlen so frech, als wäre es mit Ihrer Sondergenehmigung geschehen.

HITLER Niemals! Ich habe auch von Kopfständen junger Sekretärinnen gehört, die gemacht werden mußten, wohl doch

auf Verlangen von männlichen Vorgesetzten eher jüdischer
Rasse.

LUISE Bei mir nicht, nicht bei mir, es war ein Deutscher, fett
und unsportlich. Ich ließ doch keine Gelegenheit aus, meinem
sportlichen Ehrgeiz zu frönen und zu glänzen. Der Eindruck
der Schande schwindet nicht. Hätten nicht Sie auch bei mir die
Wiedergutmachung besorgt, ich weiß nicht, wo ich gelandet
wäre. Vielleicht in einem jüdischen Puff, wo ich die Freiheit so
liebe, über alles liebe. Sie, mein geliebter Führer, haben mir
keinerlei Zwang angelegt. Ich stand im offenen Auto und
wußte, daß ich Sie liebe, der Fahrtwind war der Brautschleier,
ständig auf die Brust gedrückt. Wie soll ich Ihnen danken, ich
kleines Luischen, da Sie, der Größte aller Zeiten, von so vielen
verehrt werden, die Ihrer nicht würdig sind, wie zum Beispiel
von den Arabern.

HITLER Ja, das ist ein Problem, das haben Sie ganz richtig er-
faßt, denn diese beschnittenen Nachthemdenträger sind mir
auf das Äußerste unerwünscht. Sie kennen keinen nationalen
Fortschritt, in Rachegedanken zurückgeblieben brüten sie und
verhindern den Aufstieg der Volksmassen. Und das arabische
Volk ist leider nicht kühn. Sie beten und beten und behaupten
gegen alle Realität, Blut sei grün. Sie sind mir inzwischen fast
so zuwider wie die Juden. Den Juden habe ich beigebracht,
sich zu organisieren, aber die Araber sind zu allem unfähig:
Verlieren sie ein Kind, plärren sie, als hätten sie fünf verloren,
vertun die Zeit mit Gefühlen und verlieren. Wie lange haben
die Juden nach dem Verlust von 6 Millionen geweint? Keine
Sekunde, wenn ich recht informiert bin. Und nun sind sie die
Tapfersten. Ich bringe meine größte Hoffnung zum Ausdruck,
daß das jüdische Volk im Besitz von Atombomben ist und damit die Palästinafrage ein für allemal löst und zum Abschluß
bringt. War es nicht mein größter Fehler, daß ich die Fort-

schritte in der Entwicklung der deutschen Atombombe nicht sah? Ich gebe diesen Fehler gerne zu und werde ihn bei passender Gelegenheit nicht wiederholen, das schwöre ich im Angesicht der Weltgeschichte. Ja, diesen hochheiligen Eid schwöre ich der Weltgeschichte ins Antlitz hinein, auf daß er dort brennen und nicht erlöschen möge in alle Ewigkeit Amen! Ich danke für das Tuch. Wenn ich transpiriere, bin ich immer gut. Auch ein außergewöhnlicher Frühlingstag. Und schön und wunderbar, daß ihr das dreiteilige Fenster offen habt und mich die Massen des Bayerischen Waldes hören können. Niemand soll sagen können: Nicht so laut. Nicht so laut, nein, das geht nicht mehr, die Zeit ist vorbei, da die Augen nach Freiheit schrien und den Lippen ein Psst! geboten wurde. Diese Zeiten sind für alle Zeiten vorbei.

LUISE Soll ich das mittlere Fenster aushängen? Dann kommt aber zu viel kalte Luft herein, und Sie erkälten sich, Herr Führer.

HITLER Ich habe mich noch nie erkältet, wenn ich von der deutschen Freiheit rede, und ich werde mich im Namen der deutschen Freiheit niemals erkälten. Sehen Sie denn nicht das Kreuz in Nahost, wie es sich dreht. Gleichschenkelig wie es ist, bietet es jeweils einem Araber und einem Juden Platz: Da hängen sie also und können es kaum erwarten, bis sie abgefackelt werden. Das ist doch Mittelalter, tiefstes Mittelalter ist das und verabscheuungswürdig. Diesen Menschen gehört das Leben unter den Füßen weggezogen, das Leben gehört ihnen weggezogen wie ihre Gebetsteppiche, auf denen sie massenhaft so einen erbärmlichen, menschenunwürdigen Anblick bieten. Weit unter den Tieren ist das, subaltern, und alle Beschimpfungskünste helfen nicht, sich darüber hinwegzusetzen. Dieser Anblick muß ausgerottet werden. Der betende Mensch in Massen muß das Antlitz der Erde verlassen, egal, in welcher

Gegend er welcher Religion nachgeht, diesem Gespei. Ja, ja,
ich habe einen Fehler gemacht, habe ich sagen hören. Ich war
zu gütig, ich war zu gnädig, die jüdischen Läuse aus dem deutschen Fell zu kämmen war nur die halbe Arbeit. Wir haben
den Krieg mit konventionellen Waffen geführt. Denn unter
dem Eindruck gewisser Ereignisse, zu denen im Weltkrieg die
Giftgasangriffe gehörten, habe ich mich entschlossen, nicht
noch einmal dieses stumme Erstickungsleid, ich wäre ja fast
selber ein Opfer geworden, wenn mich die Vorsehung nicht
aus dem Schlamassel geführt hätte, nicht noch einmal über die
Erde zu führen. Auch den Juden wollte ich dieses Los ersparen, waren sie jedoch zu viele. – Um es deutlicher zu sagen,
erhebe ich mich jetzt: Laßt ihr Deutschen nicht die arabischen
Hohlköpfe in euer Land, der Islam macht sie krank. Und
krank wie sie sind, machen sie euch stumm. Angst zu haben ist
das eine, Angst zu überwinden, das andere. Jagt sie zurück! Sie
vermehren sich wie die Ratten. Laßt sie nicht länger ihre häßlichen Gebetshäuser errichten. Ich laß mir doch nicht von diesen Bettvorlegern sagen, mein einziger Fehler sei gewesen, daß
ich nicht alle Juden vernichtet habe, wie ich es vorgehabt habe.
Da ist es gut zu bemerken, daß die Vorsehung immer noch und
öfter recht bekommen hat. Ich habe die Hälfte der Juden am
Leben gelassen, weil sie die einzige Waffe gegen die islamische
Pest darstellen. Und nun sickern diese Hohlköpfe in Massen
nach Deutschland ein und meinen die Plätze der gelehrten Juden besetzen zu können. Man hat zu lange Geduld mit den
Religionen gehabt, während sie uns immer gequält haben.
Diese Moslems sind sogar gegen Badeanzüge in den Ausla-
gen – und in den Regalen! Kopftuch! Kopf ab, und beide zurück in das Auswanderungsland: Kopf im Kopftuch.

LUISE Schnittlauch, entschuldigen Sie bitte, mir geht gerade
durch den Kopf, daß es noch keinen Schnittlauch gibt. Er spitzt

höchstens aus der gefrorenen Erde. Es liegt ja auch noch
Schnee dann und wann. Und dann möchte doch niemand
Schnittlauch auf dem Strudel, eher Rahm. Und so eine fette
Fliege –

HITLER   Nicht erschlagen, sonst spritzt sie ihre unzähligen Eier
herum. Die fliegt schon wieder hinaus, husch husch, fort ist
sie. Und ist die Freiheit noch so kurz, sie muß erkämpft werden, das sagten schon die Alten Griechen. Die alten Griechen
waren vor uns die besten Faschisten, und wir waren redlich
nicht schlecht ...

LUISE   Herr Hitler, sehen Sie sich doch diesen Wolkenkopf an,
göttlich, ein schlafender Gott, ein junger Gott, der sich die Zeit
mit Vergehen vertreibt ... Und ein Bienchen giftbeladen. Was
pumpern Sie so, jetzt ist er unter den Tisch geflüchtet, die tut
Ihnen doch nichts, aber Ehrfurcht zeigt der Herr Führer selbst
vor den kleinsten Lebewesen und bezeugt diese Ehrfurcht im
Gegensatz zu vielen anderen. Ich habe eine Tasse darüber ge-
stülpt.

HITLER   Sie machen damit die Bestie völlig verrückt!

LUISE   Herr Hitler, jetzt übertreiben Sie doch, und das unter
unserem Tisch, der vom Fliegerhorst von Plattling ist und somit auch Ihnen gehört. Das Bett gehört mir, afrikanischer
Birnbaum, wollen Sie nicht darunter? Denn ich will Ihnen Ihre
Ängstlichkeit keineswegs austreiben, das macht Sie ja so lie-
benswert – haben Sie doch genug mitgemacht in Ihren Bun-
kern. Er beruhigt sich, näßt auch nicht mehr. Ach wie schade,
daß er nicht in einen der eigenen Kindergärten gehen kann,
die er so zahlreich gegründet hat, auch zum Wohle meines Buben und meinem eigenen, denn hätte ich sonst studieren können? Alles verdanke ich Ihnen. Das bißchen Wohnung, das ich
verloren habe – habe vom Lastenausgleich eh mehr bekommen
als die alten Möbel wert waren. Für die Turngeräte habe ich

am meisten bekommen, dabei waren die Turngeräte erlogen. Ihre Regierung hätte mir diesen Betrug nicht durchgehen lassen, aber die anderen waren ja so blöd, sind ja so blöd, so unachtsam, denken nur an sich und passen nicht auf. Wo ist die Marmelade?

HITLER Was für eine Marmelade, bitte keine Marmelade in meiner Anwesenheit, sonst gehe ich sofort, ich fliehe! Sie locken damit 1000 Bienen, wo eine schon den Tod bedeuten kann, von den Wespen spreche ich nicht. Im Namen des deutschen Volkes, dessen Wohl mir zutiefst am Herzen liegt, und soll mein Herz, liebe Luise, nicht groß genug sein, ein ganzes Volk hineinzulegen? Nein, das deutsche Volk hat mein Herz so geweitet, so aufgeschlossen, daß es darin in seiner ganzen Gesämte Platz hat, und im Namen dieses deutschen Volkes spreche ich nicht von Wespen, diesen gefährlichsten und nichtsnutzigsten Tieren der Welt. Sie werden von den Irren in Arabien und den umliegenden Ländern, die auch zu nichts nutze sind, gezüchtet, von Irren in weißen Krankenmänteln, darin sind Waffen versteckt, weil sie den freien Kampf nicht wagen und Kinder vorschieben.

LUISE Das erste Bett ist das meines Sohnes und das rechte das meiner Mutter. Wenn Sie darunterkriechen wollen, tue ich die Koffer weg, die haben auch auf dem Speicher draußen Platz. Darinnen ist altes Zeug von der Kaiserstraße.

HITLER Freilich, wo Ihr Sohn in einem Liebesanfall an meine Knickerbocker gesunken ist und ich der SS Anweisung gegeben habe, leise aufzutreten und bis zur Leopoldstraße vor kein böses Wort zu denken und ihre Mäntel nur zum Zeichen ihres Anstandes zu tragen, ohne Seitenblick auf die Leute, die sich sofort wieder angesammelt haben.

LUISE Ich bin ja so dankbar. Und mit dieser besonderen Auszeichnung wird mein Sohn auch zurechtkommen, wenn er auch die ersten Jahre Anfeindungen perfidester Art ausgesetzt sein wird. In seinem Kampf gegen alle Religionen haben nur Sie ihn bestärkt. Von der christlichen Pest ganz zu schweigen. Sie werden bleiben. Das tiefe Loch der Vernichtung in Palästina – ach, mein hellgelber Art-Déco-Pullover, vor allem die dunklen V-Streifen an ihm habe ich geliebt. Oder wollen Sie eine Krotzbeere, Herr Hitler, ziemlich süß, für den Postboten, wenn er am Monatsersten die 40 Mark bringt. Da ist die Marmelade, schauen Sie, Herr Hitler, Erdbeermarmelade, da wuzzle ich jetzt das Bienchen hinein, schmeiß es zum Fenster hinaus, dann kann es sich in aller Ruhe freifressen, so haben wir Deutsche das doch auch gemacht, haha! Das lange schwarze Buffet! Danke, langes schwarzes Buffet, daß du so treu bist, auch meine Kindheit hast du bewacht wie ein geduldiger schwarzer Zerberus. Der Schnörkel wackelt immer noch, gegen den mein Vater mich hingeworfen hat. Ich hatte solche Schmerzen, daß ich über alles dicke schwarze Wollstrümpfe zog, nur meine Augen blieben frei, die wollten die Welt betrachten, ob sie denn gar nicht reagiert auf das, was man mir angetan hat, mein Vater, der die Welt so verändert hat für mich mit seiner Grobheit, nur weil ich kein Junge geworden war. Ich darf Ihnen das doch erzählen, mein Führer und Reichskanzler und zukünftiger Bundeskanzler! Der Schmerz im Kopf war so groß, daß ich mir einen Waschzuber mit kochendem Wasser über den Unterleib schüttete. Ich schrie nicht, ich fiel nicht in Ohnmacht. Dieser Schmerz war größer. Ich schleppte mich zum Bahnsteig, in Edertshausen war das, nördlich von Regensburg. Ich wollte mich vor den durchfahrenden Mittagszug von Nürnberg nach Passau stürzen, der hier nicht hält. Ich fiel nicht in Ohnmacht, auch nicht, als Sie den peinlichen Versprecher auf dem IV. Parteireichstag in Nürnberg hatten. Nur ich allein war von dem so tiefen

Glauben an Sie so tief durchdrungen, daß ich auf der vollendeten Form der Größe eben den kleinen Versprecher wahrnahm, den all die anderen in ihrer Glaubenssturheit gar nicht bemerkten. Im Film dann fehlte der Fehler, eigentlich schade. Jetzt bewegen Sie sich wieder.

HITLER Vielleicht habe ich nur einen Fehler gemacht, nämlich als ich Ihr Söhnlein durch die Münchner Kaiserstraße getragen habe. Denn, was ich ansonsten als meinen größten Fehler zu bezeichnen gedenke, ist schwerlich als ein Fehler zu bezeichnen, sondern eher als bewußte Unterlassung, die jetzt im neuen Werdegang der Zeiten fahrlässig wirkt. Nämlich die Unterlassung einer zweiten Front gegen das deutsche Volk. Was haben wir den Franzosen eingeheizt, und trotzdem haben sie uns liebgewonnen, was haben wir die Engländer bombardiert, und doch zogen sie respektvoll den Hut vor uns. Und die Russen waren uns so untertan, daß wir mit ihnen den Rest der Welt erobern hätten können und Amerika. Aber wie immer alles auf das zielt, was ich gerade sage, sei die Vollendung des Gedankens vorweggenommen: Lob den Juden. Sie haben sich aus der jahrtausendlangen Zerstreuung konzentriert, wie auch ich mich in den Wirrnissen der untergehenden Donaumonarchie konzentriert habe. Ach, was bin ich in Linz hinten im Opernhaus gestanden, ganz hinten, wo es keine Bänke und keine Stühle gab, bin ich gestanden bei Hunger und Kälte und dem üblen Geruch, der um mich herrschte. Auch diese kleine Erinnerung ist mir geblieben, daß mir ein Knopf fehlte an meinem Stutzer, nicht der unterste, wie man meinte, nein, der mittlere von allen dreien. Ich war erschüttert. Ich schwor mir in der Finsternis und der miserablen Lichtregie, ich schwor mir durch diese finstere Pein, mein einsames Herz zu retten, es für Deutschland zu retten und die jüdische Rasse zu vernichten. Hätte ich die deutsche Rasse vernichten wollen, so wäre mir dabei kein Erfolg beschieden gewesen. So hielt ich mich an die jüdische Rasse, weil die in der Minderzahl war. Ich hatte viele Freunde unter den Juden, und sie waren mir gewogen, und ich hätte sie nie betrogen, wenn das deutsche Volk nicht in der Überzahl gewesen wäre. Ja, das war mein Golgatha. Und ob Sie es glauben wollen oder nicht, allergnädigste Luise, ich schäme mich meiner Tränen nicht, denn ich liebte die Juden, aber die Deutschen waren eben mehr. Denn das muß auch einmal festgestellt werden und in die Ewigkeit geschrieben, mit keinem Volk, mit keinem anderen Volk als mit den Deutschen, mit keinem anderen wäre ich so schlecht gefahren, daß ich hier allein vor offenem Fenster friere und mich vor den landesüblichen Insekten fürchten muß und einer Kindsmutter ausgesetzt bin, die ihre Fantasien an mir ausprobiert. Sind Sie wenigstens Jüdin?

LUISE Leider nicht, habe auch nicht vor, eine zu werden. Ich habe immer nur mein Bestes gegeben, und wie Sie schon sagten, Herr Hitler, brauchten Sie Millionen, um zu werden, was Sie schließlich sind. Die Juden waren Ihnen ja zu wenig. Die Deutschen waren wesentlich mehr. Und wäre es Ihnen noch gelungen, die Ostvölker einzudeutschen, wären auch Sie noch größer geworden, wenn ich mir erlauben darf, das zu erwähnen, da Sie für mich sowieso für alle Zeiten der Größte sind. Ich habe dazu nichts beigetragen, habe nur von dem Schein genommen, der von Ihnen ausgeht. Wie dunkel wäre ohne Sie mein Leben gewesen, wie erbärmlich, wie banal. Ich stehe mit Ihnen als Jüngling in der Linzer Oper und spüre mit Ihnen beim Anhören von »Der Fliegende Holländer« die Sehnsucht, sich in die allerletzte Freiheit zu verlieren.

HITLER Könnten Sie sich, allergnädigstes Luischen, vorstellen, mit mir nach Israel auszuwandern?

LUISE Nein.

HITLER   Warum nicht, Angebetete, die Sie mich doch auch an-
beten?

LUISE   Ich habe einen Sohn.

HITLER   Können wir den nicht mitnehmen?

LUISE   Mitnehmen nach Israel? Sie wollen mit mir und meinem
Sohn in Israel einreisen, Herr Hitler?

HITLER   Ja, lieber als in Österreich.

LUISE   Wir werden kein Wort verstehen. Mein Sohn braucht
eine Bildung, ohne Ausbildung wird er sich immer in den Bah-
nen des Vorgegebenen bewegen müssen, das tue ich ihm nicht
an, denn ich kenne genug Trottel in Amt und Ehren, auch auf
der Universität. Er muß doch eine Chance haben, von einem
Geist gestreift zu werden.

HITLER   Da sehe ich schwarz, denn ein Geist streift nicht um-
her. Ein Mensch ist ein Geist, und mehr als 12 gibt es nie auf
einmal trotz der Milliarden.

LUISE   Schon gut, aber hat die Gegend um Jerusalem noch einen
Geist, den hat doch dieser Jesus schon abgesahnt?

HITLER   Die wilden Zeiten sind vorbei, da Götter mit der Menschen Heere um einen Geistesblitz fechten. Auch die Zeiten
des Untergangs sind vorbei, da Zähne durch die Luft fliegen
von dem erbarmungslosen Zähneknirschen. Es ist die Zeit der
Leere, der ewigen Dämmerung, des bräunlichen Nichts-Seins,
des Friedens, den wollen wir in Israel genießen.

LUISE   Ich kann nicht mehr.

HITLER   Das gibt es nicht. Man kann immer! Nehmen Sie sich
ein Beispiel am jüdischen Volk: Man hat es durch die Geschichte gejagt, geplagt und dezimiert und wieder und wiederum. Haben sie sich jemals beklagt? Sie haben ihre Kinder
gezählt und die Verluste wahrgenommen und sind weitergezo-
gen. Haben sie sich jemals gerächt? Haben sie nicht. Sie haben
das in einem Land Gelernte ins nächste weitergetragen. Sie

waren Träger des Wissens, des Denkens, des Glaubens und der guten Hoffnung. Was fehlte uns ohne sie nicht alles! Auch ich empfinde Dank. Obwohl ich 6 Millionen von ihnen umgebracht habe. Das falsche Volk umgebracht ...

LUISE Mein Gott, jetzt gibt er es auch noch zu. Entschuldigung, Sie dürfen doch diese Morde nicht zugeben. Ich habe das immer nicht zugegeben, den Deutschen zuliebe, auch Ihnen zuliebe, auch mir. Im Namen meines Sohnes, nehmen Sie das zurück.

HITLER Ich habe das falsche Volk umgebracht, und es geht doch nur noch darum, Ihren Sohn für unsere Auswanderung nach Israel zu gewinnen.

LUISE Der geht doch nie mit. Der geht doch nirgends hin, der ist ja schlimmer als der Kant in seinem Königsberg. Der hängt sich ein Wirtshausschild vor seine Wohnungstür: Bin drüben Beim Ewigen Frieden.

HITLER Das Wirtshausschild kann er doch mitnehmen nach Israel.

LUISE Und das Wirtshaus?

HITLER Da findet sich schon eine Lösung, die Vorsehung hat immer was in ihren unzähligen Taschen und Täschchen ihres einzigen Sakkos parat.

LUISE Ich weiß es nicht, aber ärger kann es in Israel auch nicht werden, als es auf dem Bahnsteig von Ederzhausen war, als ich auf den Schnellzug von Nürnberg nach Passau und weiter nach Wien wartete. Hat der in Linz gehalten?

HITLER Sicher!

LUISE So wenig Information braucht man, um sich ein wenig zu beruhigen. Ich will mich nicht aufgeilen und nur meinen blutigen Gedanken zu Ende denken. Als ich auf den Arschbacken auf dem Perron von Ederzhausen dahinrutschte und Passanten wohl meine Absicht erkannten, hielten sie mich fest, meine Schwester durchschaute den durchtriebenen Unfall und zog mir die Wollstrümpfe mit der Haut aus. Da saß ich mit blutigen Beinen und wünschte mich nur noch an meinem geliebten Kastanienbaum aufgehängt. Und schlimmer könnte es in Israel auch nicht werden.

HITLER Schlimmer war es nirgends. Denn die größte Folter kann man nur am eigenen Leib und Leben erleben. Da bin ich immer für den kürzesten Prozeß!

LUISE Wer poltert da so? Herein!

OMA Die zwei kenne ich nicht. Er muß alles mitanhören, was der Hitler sagt, sagt er. Und sie im Krankenbett, die hat wohl er die zwei Stiegen heraufgetragen.

BIERBICHLER Da Hitler! Wenn du der Hitler bist, dann bin ich der Sophokles, hast von dem schon mal was gehört? Vieles ist ungeheuerlich, doch nichts ungeheuerlicher als der Mensch, und der ungeheuerlichste, das bist du.

ANNAMIRL Theatermäßig muß er sich einführen, der Theaterschauspieler.

BIERBICHLER Was zahlst du mir eigentlich, wenn ich mir deinen Schmarren anhöre, ha Hitler, einen Kaffee?

OMA Gleich gibt's einen Kaffee, nachdem wir den Strudel gegessen haben. Hast aufgegossen, mein Luiserl, mit der Milch?

BIERBICHLER Ich kann es nicht glauben und mag es auch gar nicht glauben, aber ich muß, ich muß! Ich bin im Herbert seinem Zimmer, in dem er von 1943 bis 1956 lebte. Da hättest du zu uns auch kommen können. Bei uns war er von 1982 bis 1990, da häst ihn besuchen können, und wir alle hätten mehr Platz gehabt.

ANNAMIRL Mir gangst, der Hitler wäre mir nicht nach Ambach hineingekommen, wir sind ein anständiges Haus.

LUISE Ach, Sie sind das berühmte Annamirl von Ambach. Ha-

ben Sie denn gar nichts mehr an meinem Herbert finden können, weil Sie ihn hinausgeschmissen haben?

BIERBICHLER Nana, nausgeschmissen habe schon ich ihn,
aber wegen dieser alten Geschichten sind wir nicht hier rauf-
gestiegen. Wir haben diese Mühe wegen Hitler auf uns genommen, für ein Treffen auf neutralem Ort sozusagen.

LUISE Wo mein Sohn war, da war immer neutraler Ort, da gab
es keine Interessenzugehörigkeit. Selbst ich stand des öfteren
neben ihm, als wären die paar Zentimeter zwischen uns 1000
Meilen.

OMA Mußt nicht weinen. Ich bin mit meinem Bub immer gut
ausgekommen. Dort war sein Bett und sein Stuhl mit seiner
Hälfte vom Tisch und sein Kofferradio auf seinem Nachtkastl.
Und hier war mein Bett und mein Nachtkastl mit der Fotogra-
fie von meinem verstorbenen Herbert, und meine Tischhälfte,
auf der ich das Essen angerichtet habe, und die Liebesromane
hab ich auch dort gelesen, nach dem Kaffee. In der Frühe hat
der Herbert die steifen frischgewaschenen Wadelstrümpfe um
das Tischbein geschlagen, damit sie weich werden.

BIERBICHLER Wer? Die Tischbeine – sie hat ihn gehen lassen,
den besten Mann. Bester Mann!

ANNAMIRL In so einem Zimmer muß man schon Ordnung
halten.

OMA Freilich. Wären uns ja sonst die Flöhe gewachsen.

HITLER Das Volk weiß sich immer zu helfen, wenn es dabei
nur nicht gestört wird.

BIERBICHLER Ich halte es im Kopf nicht aus.

OMA Das geht schon.

ANNAMIRL Ich habe Sie vor Jahren auf der Bühne gespielt in
den Münchner Kammerspielen. Ich habe Sie mir nicht so stark
vorgestellt, da habe ich mich wohl unbewußt in meine eigene
Mutter verwandelt, die all die Arbeit gemacht hat, aber nicht

als Mann dastehen wollte, weil mein Papa dann noch verlorener gewesen wäre.

LUISE Mann genug und allemal! Aber macht mir bitte nicht meinen Hitler madig. Ich habe ihn immer verteidigt.

BIERBICHLER Geh schau dir doch den Bart an, der Bart stimmt doch gar nicht, aber die Glotzaugen, das könnte er schon sein. Geh schnauf mich mal an, ob das wirklich stimmt, daß er so aus dem Maul stinkt, wie sie immer gesagt haben.

OMA In meinem Zimmer wird nicht angeschnauft, diese oberbayerischen Unsitten. Man glotzt sich auch nicht an. Wer nebenbei nichts sieht, der kriegt auch sonst nichts mit!

LUISE Du Mama, ich werde mit Hitler nach Israel auswandern, meinst, daß der Herbert mitgeht?

OMA Ja, nehmt ihn nur mit, der kann nicht immer bei mir bleiben. Der kann nicht immer zum Waldrand hochgehen und in den Westen schauen, da gibt es nichts für ihn. Gehen muß er, in den Westen, und zwar schnell, damit er die Sonne noch erblickt, bevor es finster wird.

BIERBICHLER Da hängen ja Millionen Tote in der Luft, mich leckst am Arsch, 50 Millionen, wenn du es genau wissen willst.

HITLER Das ist genau der Strudel, der mich in die Weltpolitik getrieben hat. Gleich zwei Portionen, danke.

OMA Die Strudel, die ich schon gemacht habe, möchte ich nicht auf einem Haufen sehen.

ANNAMIRL Ja, gut, ganz anders wie bei uns. Du Hitler, sag einmal, ob das stimmt, was die Alten bei uns erzählt haben, daß die Juden in Wien folgendermaßen gelernt haben: Man hat ihnen den Strudelteig zum Antrocknen auf das Gesicht gelegt und darüber eine Zeitung. Wenn sie den jeweiligen Abschnitt über den Augen auswendig gelernt hatten, war der Teig backfertig.

BIERBICHLER Wer soll denn das gesagt haben. Das klingt ja nicht einmal nach der Post-Anne. Du spinnst ja schon mehr als die Post-Anne. Und das will was heißen.

ANNAMIRL Wenn du schon der allmächtige Hitler bist, dann laß mich aufstehen, denn mein Kreuz trägt mich nicht mehr.

BIERBICHLER Ja, dann steh halt auf.

HITLER Ja.

OMA Tatsächlich, jetzt geht es wieder. Mach einen kleinen Schritt. Und noch einen. Und jetzt setz dich wieder hin. Magst noch einen Strudel?

ANNAMIRL Nein danke, jetzt muß ich erst das schlucken, daß ich wieder gehen kann.

LUISE Sie sind nicht die erste, der der Hitler auf die Beine geholfen hat.

ANNAMIRL Sie dürfen ruhig du zu mir sagen: Annamirl. Wäre ja beinahe Ihre Schwiegertochter geworden. Er war halt sehr eigen, Ihr Herbert. Aber ich bin schon auch schuldig, daß es nichts geworden ist mit uns, ich war immer mit was anderem beschäftigt, aber schön war es trotzdem, viel zu schön.

OMA Mädchen, weine nicht. Der denkt genauso an dich wie du an ihn. Nur kann er nicht weinen, weil er schreibt und malt.

HITLER Diese Araber, diese Barfuß-Juden werfen mir vor, mein größter Fehler sei gewesen, daß ich nicht alle Juden vernichtet habe. Seliger Vorsehung Einwand sagt: Diese Juden mußten am Leben bleiben, weil sie die besten Feinde der Araber sind. Islam. Islam!

BIERBICHLER Sich im Islam auszukennen, ist doch keine Bereicherung, keine Bereicherung des Denkens. Warum auch? Wenn dir was vorschwebt – was wollte ich jetzt sagen? Wenn dir was vorschwebt, ist doch sogar dein Schmarren, alter Hitler, tauglich, das Vorgeschwebte in die Welt zu setzen. Annamirl, du sagst nichts.

ANNAMIRL Da mitzureden hieße, den Unsinn nur zu verlängern.

HITLER Das Denken im Kopf eines Menschen ist so sicher wie das Salz im Meer, und es gibt nur salzsichere Meere.

LUISE Was redest du denn wieder, mein denksicherer Adolf? Ich möchte wieder mal lachen, wie ich gelacht habe mit dir. Kartoffelsalat, sagt dir das Wort Kartoffelsalat noch was?

HITLER Wörter reden nicht mit mir. Ich rede mit Wörtern.

LUISE Da ist mein Sohn Herbert schon anders konstruiert, mit ihm reden die Wörter.

HITLER Und die Tat, wo sind seine Taten?

LUISE Man muß doch nicht gleich mit einem Truppenübungsplatz die Häuser seiner Herkunft vernichten, wie du es im österreichischen Waldviertel getan hast.

OMA Ich hätte noch ein wenig einen Kartoffelsalat, den die Katzen wieder nicht wollen. Einmal könnten sie ihn doch fressen. Er ist erst von gestern.

HITLER Ja um Gottes willen!

ANNAMIRL Sepp, gehen wir wieder.

BIERBICHLER Jetzt warte noch, wer weiß, was da noch herauskommt. Kartoffelsalat, das ist schon wenig, verdammt wenig.

LUISE Es geht nichts über einen guten Kartoffelsalat, wenn er noch ein wenig warm ist. Gell, Ade, da geht was, und zwar nach hinten. Hast du noch Kraft in den Armen, in den Unterarmen? Schaut, da ist er so dagestanden mit angezogenen Armen, der noch unbekannte Hitler. Und auf seine abgewinkelten Unterarme habe ich mich gestützt, wie auf einen Barren, und wie Barrenholme haben dem Hitler seine Arme auch standgehalten. Das war es aber nicht allein, denn es ging darum, dabei zu furzen, er natürlich. Er hat gefurzt, und ich habe gezählt. Oder hast du auch mitgezählt, Adi? Nein, du hast gedrückt. Und aufgepaßt hast du, daß keine Spitze Land in deine Unterhose ging, die einmal ganz schön vollgeschissen gewesen sein muß, weil es so gestunken hat.

OMA Nana!!!

LUISE Scheiße stinkt nämlich anders als die Luft von der Scheiße, nasser. Wollen wir es noch einmal probieren? 47 war unser letzter Rekord. Ob es unser größter Rekord auch war, weiß ich nicht mehr. 47 Fürze auf einer Hebebühne. Hast du Kartoffelsalat gegessen?

OMA Da, in dem Schälchen wäre der von den Katzen verschmähte Kartoffelsalat, Hitler, kannst ihn brauchen?

LUISE Der ißt ihn schon! Sooo. Das Phänomen bei Hitler ist nämlich, daß er unmittelbar nach dem Verzehr eines Kartoffelsalates losdonnern kann, nicht erst nach Stunden quälender Verdrücktheit. Er ist nämlich kein Verhinderter, kein verhinderter Furzer. Sondern ein begnadeter. So! Und jetzt nimm mich an. Sind aber dünn geworden, deine Unterarme. Ärmchen waren sie immer. Der Zärtliche hatte keine Unterarme wie ein richtiges Mannsbild.

ANNAMIRL Und du hörst dir den Schmarren auch noch an!

BIERBICHLER Du hörst ihn dir auch an.

ANNAMIRL Weghören kann ich nicht. Aber hinsehen tu ich da nicht. Dem Hitler seine Fürze anhören, wir sind doch nicht bei der Wehrmacht!

LUISE Eins zwei drei vier weiter! Fünf sechs sieben meine Lieblingzahl. Komm schon! Drück. Wenigstens bis sechzehn sollst du es schaffen, der Lieblingzahl meines Sohnes Herbert.

OMA Das war feil dem Herbertl auch seine Lieblingzahl, obwohl er erst acht war, als er gestorben ist.

LUISE Auweh zwick, ich meine, jetzt ist etwas danebengegangen.

ANNAMIRL Daß der Hitler in die Hose scheißt, das ist mir noch abgegangen!

BIERBICHLER Der hat auch schon woanders hineingeschissen. In die Köpfe der Leute hat er hineingeschissen.

ANNAMIRL Und das Umrühren vergessen.

BIERBICHLER Mich leckt's am Arsch, da ist Stalingrad nix dagegen!

ANNAMIRL Was weißt denn du!

HITLER Das tut mir jetzt leid, das von eben. Kann mich jemand sauber machen, Frau Muckenthaler?

OMA Ich doch nicht. Mich hat dem Hitler sein Kopf nie interessiert und sein Arsch schon zweimal nicht.

HITLER Frau Bierbichler?

ANNAMIRL Ich habe meiner alten Verwandtschaft die Ärsche ausgewischt und mich dabei überhoben. Meinst du, mir graust vor gar nichts.

HITLER Herr Bierbichler?

BIERBICHLER Ich? Ich bin zwar Schauspieler, aber da mische ich mich nicht ein.

HITLER Und du, meine Allerwerteste?

LUISE Ich? Das habe ich nicht einmal bei meinem kleinen Herbert gemacht. Mein Bub empfindet die Welt und das Leben ebenso als Elend wie ich, nur kann er damit umgehen. Während ich der Katastrophe schutzlos ausgeliefert bin. Daß der Mensch, daß mein Söhnlein scheißen muß, ist für mich unfaßbar. Oh, könnten doch viel mehr Menschen an ihrer eigenen Scheiße ersticken! Daß mir da ein Busen hängt, empfinde ich als Behinderung, als persönliche Beleidigung! Bloß, daß es mit der Menschheit weiter geht, will ich nicht ihr Nachbar sein.

HITLER Wer macht mich jetzt sauber?

OMA Du selber, alt genug bist ja. Da gehst auf den Speicher hinaus, da findest du alte Trachten, damit wischst du dich ab.

Aber bediene dich nicht unserer Handtücher, die über dem
Holz hängen. Und das frische Wasser in den beiden Eimern
versaust du mir auch nicht! Das ist nämlich unser Trinkwasser,
das mir der Herbert heraufgetragen, bevor er dich heraufgetragen hat und bei uns abgesetzt. Jetzt haben wir dich da, einen
Scheiß-Hitler. Er hat dich doch so heraufgetragen, so?

HITLER Ja.

OMA Jetzt verschwinde und putze dich. Nicht, daß der Herbert
dich in deinem Zustand sieht. Damit dürfte er nämlich nicht
gerechnet haben.

BIERBICHLER Schön war die Jugendzeit.

ANNAMIRL Jetzt fängst du auch noch mit einem Schmarren
an! Gehen wir.

BIERBICHLER Dann geh doch!

ANNAMIRL Ich kann nicht.

BIERBICHLER Du müßtest eigentlich Annamirl Kannnicht
heißen. Frau Kannnicht hin und Frau Kannnicht her. Nicht
einmal sitzen kannst du mehr.

LUISE Ich schau jetzt nach, ob der Hitler zurechtkommt.

BIERBICHLER Das möchte ich auch sehen.

ANNAMIRL Nein! Du bleibst da.

OMA Laß ihn doch. Ein Mannsbild kannst du nicht halten. Die
sausen stur dahin wie die großen Bremsen. Und wenn du einer
großen Bremse einen Strohhalm in den Arsch stößt, saust sie auch
stur dahin. Nur etwas tiefer. Bis in den Untergang ist das so.
Und du bist so eine zarte Frau, in so einem derben Ambiente.

ANNAMIRL Ambiente? Was soll denn das sein!

OMA Das weiß ich jetzt auch nicht, ist mir so herausgerutscht.
Werde es schon einmal gehört haben. Herumgekommen bin
ich ja genug auf der Welt!

HITLER Jetzt zerreißt es mich gleich.

OMA Aber doch nicht in meinem Zimmer, Herr Reichskanzler.

BIERBICHLER Warum denn nicht, gib ihm noch eine doppelte Portion. Ich helfe dir dann beim Saubermachen.

ANNAMIRL Ja du. Du stolperst ja sogar über die Schnur des Staubsaugers und brichst dir das Nasenbein, wie neulich geschehen.

BIERBICHLER Das tut feil sauweh!

OMA Geh Luise, mach das Fenster zu. Ganz ruhig sitzt der Herr Hitler auf dem Reiskorb, jaja, nach all dem, was er bewegt hat.

LUISE Schau einmal, Adolf, dort unten siehst du den Backofen, der an das Impenhaus gebaut ist. Aber glaubst du, Adolf, daß es so einen langen Backofen überhaupt gibt? Das Backgewölbe ist normal, aber dahinter ist noch ein Verlies, zu dem man nur gelangt, wenn man die Dachziegel abnimmt. Und darin habe ich deine Atombombe verstaut.

BIERBICHLER Was! Mit beiden kritischen Phasen?

LUISE Was denkst du, wenn schon. Wer kann, der kann. Was ist denn dann alles hin –

OMA Ja, da dürfte von Haslach nichts mehr übrig bleiben, bis Schützing hinunter und Pumpenberg herüber, in die Deggenau bis übers Himmelsreich, vielleicht noch Metten je nach Wind, Einkind sowie weggeputzt, der Ulrichsberg und Tattenberg in Asche gelegt. Schade ist ja nur um den Wald und das Leben darin. Leute gibt es überall, aber Heimat nur hier. Du wirst ja die Ortschaften nicht kennen, hat dir der Herbert nie was von seiner Heimat erzählt?

BIERBICHLER Nein.

ANNAMIRL Du hättest ihm auch nicht zugehört.

BIERBICHLER Schoscho. Wer wartet denn noch draußen vor der Tür?

OMA Soll ich es sagen: der Gust und die Gerda.

BIERBICHLER Der Gust, den habe ich ja gespielt, 40mal, 80mal, der lebt noch! Ich bin felsenfest davon ausgegangen,

daß der schon längst tot ist, mich leckst am Arsch! Das mag
ich, wenn das Leben so voll Überraschungen ist, das macht
mich neugierig, zeig!

ANNAMIRL Mir ist es lieber, das Leben findet in Ruhe statt,
jetzt vögeln die Tauben, jetzt bleibt der Gummistiefel des Jä-
gers im Schlamm stecken, und morgen gehe ich aus Dank über
meine Heilung wieder in den Kirchenchor. Der Verlust von
Herbert ist mir schon schwer in das Kreuz geschossen.

OMA Das glaube ich dir, Madal. Wenn ich an keinen anderen
denken kann, weil er mein Enkel ist, dann ist das was anderes
als bei dir, weil du seine Braut warst, hast keinen Neuen?

ANNAMIRL Wer sollte denn der Nachfolger von Herbert sein.
Aber jetzt, da ich wieder laufen kann, schaut es wieder rosiger
aus.

LUISE Ein schönes Alpenveilchen ist das.

ANNAMIRL Das ist doch kein Alpenveilchen. Auch wenn es
schön ist, ist es kein Alpenveilchen.

LUISE Ich meine das Bildchen vom Herbert, es sieht wie ein
Alpenveilchen aus.

ANNAMIRL Das sind doch eher Azaleen.

OMA Wenn du meinst.

BIERBICHLER Das ist ja jetzt wurst. Du, Anna, Bilder vom
Herbert hast du nicht mehr?

OMA Nur was da hängt.

BIERBICHLER Da hängt ja nichts.

OMA Dann habe ich auch nichts.

BIERBICHLER Hätte ich ihm doch welche abkaufen sollen,
damals, da sie noch bezahlbar waren. – Ihr mit euren Blumen,
mir geht das mit der Atombombe nicht aus dem Kopf – Du
Hitler, was ist denn da dahinter?

LUISE Was soll schon dahinter sein.

ANNAMIRL Das sind Märzenbecher.

OMA Märzenbecher. Annamirl, die sind doch gelb, du heißt doch auch nicht auf einmal Hermine, nur weil die Märzenbecher rot sein sollen.

BIERBICHLER Das Bild – ah die Atombombe.

LUISE Von so was spricht man doch heute gar nicht mehr – nur mein Ade hat eine, gell.

BIERBICHLER Der kann gerade nicht mehr, wer weiß, wen er gerade umbringt, ganz sachlich, versteht sich und millionenweise.

ANNAMIRL Das ist doch der Schnee vom Kilimandscharo von gestern.

BIERBICHLER Also das Bild? Was hat es mit diesem Bild auf sich?

ANNAMIRL Steter Tropfen erhöht den Tau.

BIERBICHLER Nimm deine Tabletten. Drei Zinnen sehe ich und zwei Skier.

LUISE Das Bildchen heißt auch Dreizinnen Südtirol.

BIERBICHLER Ach, ein Südtiroler Motiv, interessant!

OMA Ich hole noch ein Scheitel Holz zum Nachschüren.

LUISE Sepperl, du kennst doch die Dolomiten. Gleich hervorn an der Autobahn ist der Schleern, der Riese, dann kommt lang gar nichts, als müßte sich die Landschaft von der Hervorbringung des Schleern erst erholen. Und dann weit hinten leuchtet der Rosengarten auf, der schaut dich an, als wäre er das Ziel deines Lebens.

BIERBICHLER Hm! Und?

LUISE Und dazwischen, zwischen Schleern und Rosengarten mußt du dir die Dreizinnen vorstellen, hauchdünn, unübersehbar:

> Hitler lebt
> Hitler bleibt
> Hitler bleib

Verstehst? Diese drei Felsen sind die Wahrheit. Und weil diese Wahrheit aus der Welt muß, hat sie Herbert gemalt, auf den Boden einer Käseschachtel. Durchmesser 14 Zentimeter.

BIERBICHLER Das kaufe ich, egal was es kostet, das muß ich haben, die Wahrheit. Wieviel?

LUISE Ich schenke es dir, Herbert würde es dir auch schenken, der hätte dir viele Bilder geschenkt, wenn du sie nur gemocht hättest.

BIERBICHLER Was heißt das? Ich kann mit seinen Bildern leben, aber der Annamirl ist es zu viel geworden.

ANNAMIRL Du grantiger Kerl. Du! Wenn du dich überhaupt zu etwas überreden ließest. So hätte ich dich schon überredet, dich aufzuhängen.

OMA Der Gust und die Gerda sitzen immer noch vor der Tür. Der eine meint, der Hitler spricht, und die andere meint, der Herbert sei da. Die kann sich einfach nicht daran gewöhnen, daß der Herbert immer ausreißt, wenn sie auftaucht mit ihrem ungepflegten Benehmen, laute Rede ohne Punkt und Komma, eifernd wie nur jemand eifern kann, der kein Herz hat. Viel zu viele Leute brauchen an der Stelle ihres Herzens einen Gott. Aber der Herrgott ist kein Schindluder. Und der Gust pfeift vor sich hin, und nur wenn er einen fahren läßt, unterbricht er die Pfeiferei. Was sagt er denn, was sagt er denn, der Hitler, hat er nichts dazugelernt? Ach der! Aber ganz hinten beim Holz, da sitzt einer auf unserem Scheißkübel, so ein Fettsack, der ausschaut wie eine Wildsau, einen Fetzen Rausch im Gesicht hat er und die Augen verdreht, daß man nur das Weiße bläulich sieht. Zwei Hähnchenhaxen im Maul, da, eins habe ich ihm rausgezogen, mir graust, das werfe ich in den Ofen.

BIERBICHLER Biete es doch dem Hitler an. Gib her, ich stecke es ihm in sein Maul.

LUISE Mund bitte. Das ist mein Ade, mit dem ich auch zugrunde gehen will, noch einmal laß ich ihn nicht mehr allein, wer weiß, was er wieder anstellen würde, auch wenn die Menschen noch so eine Sehnsucht nach ihm haben.

OMA Interessiert es euch gar nicht, wer auf meinem Scheißkübel sitzt? Das ist der Strauß, der Möchtegernkanzler.

HITLER Der? Sofort erschießen!

LUISE Geh tu doch deine Pistole weg. Wir erledigen das doch auf eine viel feinere Art.

OMA Der verreckt doch auf seine eigene Art, besoffen und vollgefressen wie er ist. Aber wer schleift ihn weg, wenn er vom Kübel gefallen ist?

BIERBICHLER Das mach ich schon.

OMA Aber euer Bett nimmst auch mit, wenn ihr dann geht. Wer weiß, ob die Annamirl unterwegs –

BIERBICHLER Kann ich das Bett nicht zwischen die Flaschen schieben, die auf der linken Seiten von eurem Zimmer in so einer Unmenge lagern unter dem alten Roßgeschirr und Ochsenzeug? Gell, wenn es den Bauern schlecht gegangen ist, haben sie gar nichts mehr weggeworfen.

HITLER Ich möchte jetzt auch gehen.

LUISE Du bleibst! Magst mit dem Herbert seinen Sturzkampfflieger spielen, der Stuka ist zwar nur aus Holz, aber schön.

HITLER Ich darf doch bitten. Ich will nach Israel. Und zwar mit dir. Wo ist denn dein Herbert, auf daß wir seine Einwilligung bekommen?

OMA Der Herbert, zu mir hat er nichts gesagt.

LUISE Zu mir eigentlich auch nicht, er dürfte wieder in Griechenland sein, in Kalamata, da stiefelt er einer nach.

ANNAMIRL Junges Fleisch, junges Fleisch, immer nur junges Fleisch, fast so schlimm wie mein Bruder.

BIERBICHLER Hoho, nicht so garstig.

OMA Ich glaube, er ist wieder in Parma, seit Jahren fährt er
nach Parma, und wenn er die Frau nicht findet, die er sich dort
einbildet, kauft er sich wieder einen Hut, Hüte über Hüte!
Was ich euch nicht gesagt habe: Es ist auch eine Frau draußen,
die behauptet, Herberts letzte Frau gewesen zu sein. Ein Kind
hat sie dabei, ein zehnjähriges Madal, das unbedingt seinen
Papa sehen möchte. Ja, wer ist denn dein Papa, frag ich sie.
Der Papa sagt sie. Jaja, meinst den Sepp, nein, nicht den Sepp,
du wirst doch nicht den Hitler meinen? Um Gottes willen, da
kommt mir das Kotzen vor dem Grausen. Ja, wen meinst denn?
Deinen Herbert meine ich. Der ist schon lange tot, sage ich, da
fängt sie an zu weinen und den Schmerz nicht mehr auszuhalten und jammert, daß sie auch sterben will. Der Papa hat doch
einen Onkel gehabt, der auch Herbert geheißen hat, der ist
gestorben. Ach, hab ich gesagt, der Herbert ist dein Papa, da
hat er mir gar nichts gesagt. Das ist aber eine Überraschung.
Und wir haben uns auf den Hasenstall gehockt, aus dem die
schwarzen Briketts wie schnuppernde Häschen herausschauen.
Da waren früher dem Herbert seine Hasen darinnen. Dann
wurde es eine Waschablage. Da hat sich der Herbert jeden
Morgen das Gesicht und die Hände gewaschen, bevor er mit
dem Radl in die Schule gerast ist. Wild hat er oft dreinge-
schaut, und wir haben Angst gehabt, er könnte verkommen,
aber immer wieder hat ihn etwas zusammengehalten. Ich täte
dir gern vorsingen, was er so gerne gehört hat, aber ich kann
nicht mehr singen, bin eine Krähe geworden. Aber vom Zug-
schlitten, das hat er gerne gehört, vor den mein Vater einen
Ochsen gespannt hat, der weite Hörner hatte wie ein Hirsch,
und gelaufen ist der Ochse, gelaufen ist der wie ein Pferd. Das
höre ich auch gerne, sagte die Kleine, das erzählt mir der Papa
oft, wenn wir zusammen im Bett liegen. Daß du ein Strohdach
über dem Kopf hattest und es dir manchmal ins Gesicht gerie-

selt hat bei einem Schneesturm. Und der warme Ziegelstein.
Und daß der erste von euch ein Wikinger war im Frühmittelal-
ter. So, sagte ich, das erzählt er dir. Davon weiß ich gar nichts.
Da scheint er durch Spekulation dahintergekommen zu sein.
Die Mama war vom eigenen Kind gelangweilt, weil es nur von
seinem Papa sprach. Wir müssen gehen, sagte die Mutter.
Ja, sie stehen noch in der Dunkelheit, das Mädchen hat eine
Eisscholle in der Hand, weil es meint, daß die noch aus der
Zeit sei, als sich ihr Vater hier gewaschen hat.

LUISE Ich will sie nicht sehen. Laß die Tür offen, daß ich hin-
ausschreien kann. Mädchen, ich will dich nicht sehen, sonst
zerreißt es mir das Herz. Fahrt so schnell ihr könnt, fahrt aber
nicht die B11 in Richtung Landshut, nein, ihr müßt die B11
Richtung Pilsen fahren, ja über Eisenstein, denn wir haben
Ostwind, und der könnte euch einholen nach München. Ich
müßt nach Prag und abwarten.

ANNAMIRL Und wir, wir sind ihr natürlich wurst, der einge-
bildeten Gans. Durch dich habe ich das Unglück kennengelernt.

LUISE Und die Liebe?

ANNAMIRL Für die Liebe hat es nicht gereicht. Für die Liebe
reicht die Jugend nicht. Man möchte auch gebildet sein, der
Liebe im eigenen Herzen ein schönes Bett machen, auf daß sie
von den pochenden Herztönen nicht immer hinundhergesto-
ßen wird. Die Liebe braucht Welt! Die Brüder durften studieren, ja, ich stand nur immer in der Küche und rieb mir die
Augen wund. Ich war die Kralle, die alles zusammenhalten
mußte. Ich wollte frei sein und sehen können, was im Frieden
gedeiht und was mißlingt. Meine Urteilskraft ist ein Pauken-
schlag, kein feines Streichinstrument. Was hat man denn, wenn
man sich mit diesem knöchernen Leib herumschlagen muß!

OMA Mädchen, sei nicht undankbar. Du kannst wieder laufen,

hast ein Zuhause, mußt dich nicht ängstigen, was morgen ist. Versündige dich nicht.

ANNAMIRL   Hast schon recht, aber allein, daß ich dir schon wieder recht gebe, zeigt doch meine Unterdrückung. Da sagt er nichts, der Sophokles.

BIERBICHLER   Doch doch, aber sie liest ja nur Gebrauchsanweisungen –

ANNAMIRL   Was weißt denn du!

BIERBICHLER   Und Todesanzeigen –

ANNAMIRL   Sei still!

LUISE   Ich kann mich in dich hineinversetzen. Du bist jung und freust dich des Lebens, jede Blüte beschwingt dich. Und du fliegst und fliegst durch den Garten über die Wiese in den Stall und wieder hinaus, tanzt durch die Wirtschaft und hänselst die geilen Gäste und deine Mutter tut dir leid. Du kannst sie nicht verlassen. Sie gibt ihre ganze Liebe den Söhnen, aber dich braucht sie, du bist ihr Halt. Auch ich habe mich lange durchgerungen, daß ich jetzt mit Adolf nach Israel auswandere und meine arme Mutter hier allein lasse.

OMA   Mach dir keine Sorgen um mich. Ich bin gern allein. Im Winter schau ich den Vögeln vor meinem Fenster zu, und im Sommer schwitze ich wie jedes Jahr aufs neue.

ANNAMIRL   Ja, dann bin ich geflogen, immer schwerer geflogen mit immer schwereren Flügeln, aber ich kam nicht mehr von der Erde hoch. Herbert ist dann weggegangen. Er geht immer so leicht. Ich habe den schweren Schwänen nachgesehen, wie sie über den schweren See flogen, und habe mir gewünscht, der See könne selber fliegen. Selber in der ganzen Lage blau.

LUISE   Ihr müßt jetzt gehen, ich weiß nicht, ob ich den Zweikampf gewinne.

BIERBICHLER   Was für einen Zweikampf? Mit ihm?

LUISE Für alle Fälle habe ich diese Pistole. Ja, deckt den Hitler zu, damit er sie nicht sieht, sonst will er sich gleich erschießen.

BIERBICHLER Laß ihn doch.

LUISE Ich will aber, daß er mich erschießt. Einmal will ich nicht alles selber machen, nur einmal und das zum letzten Mal, zugleich zum ersten Mal. Er soll mein Leben auslöschen, das er mir so zertrampelt hat. Der Mann war meine Hoffnung, und nicht nur meine, der Mann war die Hoffnung aller Deutschen bis auf ein paar so Trauernelken und Salzgurken. Der Mann hat in uns was erweckt, um das uns die ganze Welt beneidet hat. Der Mann hat uns auferstehen lassen.

ANNAMIRL Der Herr hat es gegeben, der Herr hat es genommen.

LUISE Und nun gibt er selber zu, daß er die Ermordung der Juden angeordnet hat, aller Juden. Du schaust in einen Maimorgen, und es klatscht dir Scheiße ins Gesicht. Ich habe diese Pistole für den Notfall: Wenn ich spüre, daß es zu Ende geht, mach ich Schluß.

ANNAMIRL Aber das mit der Atombombe war doch nur ein Gerede!?

LUISE Viele dachten, das mit den Juden sei auch nur ein Gerede, ich glaubte es sogar bis heute und kann es immer noch nicht glauben. Ich finde keine Bereitschaft in mir, das zu glauben, was doch so verlogen klang, so übertrieben, da macht doch keiner mit, wenn er es schon ernst meinen sollte. Denkste!

BIERBICHLER Also, worum geht es, oder hauen wir ab?

ANNAMIRL Jetzt kannst du auch noch warten.

HITLER Es geht immer noch um mich, das ist gut so. Denn solange es um mich geht, geht es auch um Deutschland, und zwar um jeden einzelnen. Ich werde jetzt gehen, meine Mission zu Ende zu führen.

LUISE   Hitler, bleib!

HITLER   Bleiben, bleiben. Bleiben kann ein jeder. Wir müssen gehen, wir müssen marschieren, wir müssen um die ganze Welt marschieren und das nicht nur einmal. Und wenn wir wiederholt um die Welt marschiert sind, dann können wir guten Gewissens sagen: Wir kennen die Welt und nehmen sie uns, wir packen sie und tragen sie frohen Mutes nach Haus. Und unsere Kinder und Kindeskinder werden es uns danken, daß wir die Welt gerettet haben.

LUISE   Adolf und Hitler zugleich, mir ist seit Tagen nicht so wohl zumute, wie ich das möchte, denn mich schmerzt der Bauch, und zwar hier, wo die schwarze Galle lauernd sitzt und auf die entzündete Bauchspeicheldrüse starrt wie ein schwarzer Kater auf ein rosarotes Mäuschen. Es schmerzt, doch ist es zu spät, wenn die Bauchspeicheldrüse schmerzt, dann gibt es keine Hoffnung mehr, nur Siechtum gibt es dann. Dann mögen die anderen die Meere befahren und die Lüfte bezwingen wieder und wiederum, aber und abermal mögen die Fronten gewechselt werden in deinem Reich, erhabener Führer und Kostverächter, bitte, bevor du deine neuen Raketen hinter den Mars schickst, wo die Zeit dem Raum das Fell krault, erschieße mich bitte und beende damit mein Leiden.

ANNAMIRL   Gibt sie ihm jetzt tatsächlich die Pistole und glaubt dem Treulosen, er würde sie erschießen. Seine Gier ist doch nur auf ihn selbst gerichtet. Er kann selber nichts.

BIERBICHLER   Ich kann doch nicht dem Herbert seine Mutter erschießen, ich doch nicht mit meinem Nasenbeinbruch, sehe ja so gut wie nichts. Halt! Gnädige Frau, hier Ihre Waffe zurück, der Verbrecher hat sie ja sofort auf sich gerichtet. Dem sei keine Erlösung zuteil. Bleiben soll er, bis aller Untergang zu Ende ist und er allein durchs Weltall schwebt als finsterste Idee.

OMA Langsam kriege ich Kopfweh mit eurem schwarzen Gerede. Dann laß ihn wenigstens seine Atombomben zünden,
wenn ihr ihm schon nicht den eigenen Selbstmord gönnt.

LUISE Und ich?

OMA Wer sind wir schon. Nichts als Frauen auf einen Unterleib gebunden.

LUISE Kaum daß man die Krankenkasse wieder bezahlen
konnte, mußt du zum Zahnarzt und wieder dein offenes Elend
erfahren. Mit der Miete im Rückstand, wagst du nichts zu
Mittag zu essen. Und wenn sie dir die Altersversorgung so
lange vorgegaukelt haben, bis du sie bräuchtest, nehmen sie
dir die weg. Das alles, dachte ich, wird in seinem Reich nicht
vorkommen. Deine Glorie überstrahlt alles, dachte ich. Und
nun bleibt nur noch das Grab zum nassen Gott.

BIERBICHLER Denk es nur zu Ende, du bist nahe daran.

ANNAMIRL Du immer mit deinem, deinem!

OMA Laßt doch mein armes Luiserl in Ruhe. Sogar nach Israel
wollte sie mit ihrem Hitler auswandern, damit sie uns ja nicht
mit ihrem Elend lästig wird. Jetzt zündet doch die Atombombe
im Backofen unten. Ich heiz noch einmal ein, damit wir es
schön warm haben, dann stimmen wir den Erzherzogjohann-
jodler an, und dahin geht es.

ANNAMIRL Dürften wir vielleicht bleiben?

BIERBICHLER Spinnst, wir haben doch Kinder daheim.

ANNAMIRL Du hast Kinder in Ambach, nicht ich. Ich bleib.
So einfach wird's nie wieder.

BIERBICHLER Ja, dann laß mich hinaus.

OMA Dein Bettgestell nimmst aber schon mit, nicht daß es mir
bei der Atomexplosion ein Eisentrumm um den Schädel haut!

BIERBICHLER Also dann hau ich ab, an guten Rutsch!

HITLER Ihr könnt hingehen, wohin ihr wollt, es wird nichts
bleiben.

ANNAMIRL Wo ich geh und wo ich steh, tut mir mein Herz so weh.

OMA Ist es schon so weit?

HITLER Nein, erst in 13 Sekunden.

ANNAMIRL Die sind doch schon vorbei.

HITLER Ja, und jetzt noch einmal 42 Sekunden, auf daß sich die kritischen Massen übertürmen und wir auch München noch erreichen.

BIERBICHLER Gäb es dann noch eine Steigerung, meinetwegen bis Moskau?

ANNAMIRL Ich steig aus.

HITLER In der vierten Steigerung wäre auch Peking mit inbegriffen. Soll ich das machen?

BIERBICHLER Jetzt ist es schon wurst.

ANNAMIRL Der gottverdammte Spieltrieb, hättest du doch alles versoffen und wärst verreckt dabei.

BIERBICHLER Weiter!

HITLER Die Planungen sind bislang einschließlich der Zerstörung des Mars gelungen. Viel bleibt noch zu tun.

BIERBICHLER Dann willst du bis zum Urknall zurück!

HITLER Der Urknall darf uns nur nicht einholen.

ANNAMIRL Schalt das sofort aus, oder ich erschlage dich mit meinem Bett.

HITLER Das ginge nur noch mit der Hand.

ANNAMIRL Dann mach dich auf den Weg.

LUISE Das schafft er doch in den verbleibenden Sekunden nicht mehr, da müßte er ein Weltmeister sein.

ANNAMIRL Dann stürze dich aus dem Fenster.

BIERBICHLER Dann ist er tot. Kruzifix, daß ich nicht aufgepaßt habe! So schön war das Leben eh nicht.

OMA Manches hätte schöner sein können, und manches hätte es nicht gebraucht.

ANNAMIRL Wo ich geh, wo ich steh, tut mir mein Herz so weh. Hast keinen Schnaps?

OMA Wo ich steh. Nur eine Krotzbeere.

LUISE Wo ich geh. Einen Schnaps habe ich noch nie gemocht.

ANNAMIRL Wenn du zum Schnaps Wasser trinkst, hältst du es lange durch.

BIERBICHLER Jetzt hört doch mit der Jammerei auf. Vielleicht funktioniert doch das Ding gar nicht. Der hat doch keine Ahnung von Tuten und Blasen, der war doch nur ein Gefreiter im Weltkrieg. Ist da was dahinter!

LUISE Erwürg ihn nicht, da war doch nichts dahinter bei all dem, was er gemacht hat, das ist doch das moderne Zeitalter. Nichts dahinter. Jubelnde Massen und Totenberge, dazwischen ein Gemetzel.

OMA Es ist egal wie es ist. Man muß es nicht auch noch benennen. Die Sprache ist ein Ordnungsfaktor, eine Reinigungsanlage, wenn ihr so wollt, aber wenn uns das zukünftige Geschwätz nicht noch mehr zurichten soll als das vergangene, zum Beispiel von diesem Herrn Hitler, dann haltet den Mund.

BIERBICHLER Ich schau auf die Uhr. Magst auch auf meine Uhr schaun?

ANNAMIRL Nein. Ich schau auf keine Uhr.

OMA Ich schau auf die Ofenringe vom Ofen: Das Feuer tanzt.

LUISE Ich schau auf meinen Buddha-Ring, das Gold glänzt. Es passiert gar nichts. Hitler ist eben ein Weltmeister, der Weltmeister, er macht mit uns, was er will.

HITLER Als ich zum ersten Mal mit einer Frau schlief, dachte ich mir, ach, jetzt kommt das wieder. Mir war alles bekannt.

OMA Ich geh noch auf den Speicher hinaus, vielleicht finde ich noch was von der alten Tracht meiner Mutter. Im Trachtenverein haben sie die Miesbacher Tracht angezogen. Das ist

doch nicht unsere Tracht, habe ich immer gesagt, das Kasperl-
theater.

BIERBICHLER   Ich gehe jetzt auch, vielleicht ist doch noch etwas zu retten.

ANNAMIRL   Ist noch etwas Milch da? Ich mach mir eine Milch
warm. Da ist sie. Magst auch eine, Luise?

LUISE   Nein danke. Und wenn, dann mit Haut. Schau, der Hitler hat sich aus dem Fenster gestürzt, vielleicht schafft er es
doch noch, mein Weltmeister. Weltmeister wollte ich gerade
nicht werden, aber Olympiasiegerin, einmal die Nase vorne.

ANNAMIRL   Ich trinke die Milch draußen bei der Oma, bis
gleich!

LUISE   Von aller Welt verlassen zu sagen, steht mir nicht an,
denn ich bin alle Welt und werde mich jetzt erschießen. Bloß
nicht zu früh losdrücken. Keinen Wadendurchschuß, keine
Knieverletzung, alles schon gehabt. Keinen Streifschuß und
kein versengtes Haar. In Schönheit sterben. Nichts hört einfach so auf.

Als sie sich die Pistolenmündung vorsichtig in den Mund schiebt,
fällt unter unheimlichem Krach der Vorhang, auf dem ein Atom-
pilz erscheint.

Bierbichler kommt und sagt: Ich hab was vergessen, ich habe irgend-
was vergessen. Ach ja: Wir alle sind in diesem Zimmer.

Annamirl kriecht heran.

BIERBICHLER   Was, du lebst!

ANNAMIRL   Warum nicht, du lebst ja auch.

BIERBICHLER   Und die anderen?

ANNAMIRL   Das weiß ich nicht. Du immer mit deinen anderen. Schau, daß du mich nach Ambach bringst.

BIERBICHLER   Wo hast du dein Krankengestell?

ANNAMIRL   Das Krankengestell, glaub ich, bin ich schon selber, brauchst mich bloß anschauen.

BIERBICHLER Jaja. Soll ich dich tragen, du schweres Luder!

ANNAMIRL Meinst du etwa, du bist weniger schwer und noch dazu für mich …

BIERBICHLER Müssen wir unbedingt nach Ambach?

ANNAMIRL Ja, wo möchtest du denn hin?

BIERBICHLER Ist doch wurscht, wo wir sind.

ANNAMIRL Das sagst du. Ich will nach Annamirl – ah Ambach!

BIERBICHLER Du brauchst für deinen Arsch unbedingt einen Ambacher Stuhl!

ANNAMIRL Bring mich erst nach Ambach, dort findet sich auch ein Stuhl. Trag mich von hier weg! Bittschön.
Tut es.

BIERBICHLER Ich geh nicht.

ANNAMIRL Der geht einfach nicht. Und ich kann nicht gehen. Ich habe wohl das Recht, daß ich meinen Ambacher Arsch auf einen Ambacher Stuhl setze, und zwar in Ambach.

BIERBICHLER Aber wir sind hier in Breitenbach, im Bayrischen Wald.

ANNAMIRL Das mußt du mir sagen! Und wo ist der Herbert?

BIERBICHLER Soll er dich nach Ambach tragen?

ANNAMIRL Er nicht. Aber in meinem Weiberkopf geht immer noch etwas!

P.S. Das Bild von Seite 33 hat einen Durchmesser von 113 cm.

11. 3. 2004

Fünf Karpfen

Theaterstück für
eine Person

Als ich das Stück im Schuppen schrieb, ging ich des öfteren heraus zum Wassergraben entlang des Tempels, einen Blick auf die Seerosen zu werfen, die ich vom Schuppen aus ebenfalls durch die alten Fenster hätte sehen können – aber nicht die Karpfen, die sich unter dem Teppich der Seerosenblätter tummelten. Ich hatte schon einmal oder auch zweimal einen Karpfen in das Gewässer geschmissen, aber jetzt waren es mindestens fünf. Nach der Niederschrift habe ich sie nie mehr gesehen.

Eier und Nester

Die meisten Tiere, die Eier legen
tun alles Erdenkliche, um
ihren Nachwuchs zu beschützen.
Dabei wenden die Mütter oder beide
Eltern die unterschiedlichsten
~~Sache~~ Methoden an: Manche
Tiere lassen ihre Eier keine Sekunde
aus den Augen. Sie tragen die Eier mit sich
herum oder legen sie in ein Nest das sie bewachen.

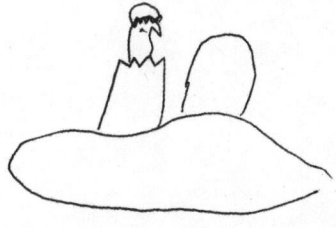

Naomi Semiramis Achternbusch

1

Guten Morgen, Mami! Einen schönen Tod sollst du wenigstens haben. Nur sterben können mit meinem Kind! Komm heraus! Komm sofort heraus. Du hast doch schon Beine? Ich will sie nicht sehen. Bleib drinnen. Laß dich nicht blicken. Laß dich nicht sehen, du Todsünde. Es ist zu spät. Ich kann nichts mehr rückgängig machen. Ich habe verloren. Wie ich das hasse, verlieren. Den Rücken sehen von so einer Watschelente, x-beinig und mit kugeligem Arsch, wie neulich. Du behinderst mich, Bastard. Wenn ich nach vorne laufen will, strampelst du nach rückwärts. Laß meine Wirbelsäule in Ruhe, das ist keine Milchstraße, in der du dich verstecken kannst. Mach wieder zu, du tust mir weh. Du tust mir weh, behinderst mich am Sieg! Komm heraus, du Gartenzwerg, du Winzling, laß dich blicken, damit ich dich zertreten kann. Ich rede nicht mit dir. Du bist mir zu alt. All dein Denken ist ein Vorteilsdenken geworden. Mit 25 tust du, als dächtest du noch wie mit 16. Du bist doch mit deinen 25 bereits eine alte Schachtel, der niemand eine Träne nachweint. Was seifst du dich ständig mit deinem Gejammere ein. Wenn ich erst tot bin, dann könntest du heulen. Aber wer hört dir denn zu, wenn ich tot bin. Nur ich höre dir zu, dein Früchtchen. Au! Was weh tut, tut weh! Hör nicht auf, mich zu schlagen, denn wenn du mich schlägst, kommen die Schmerzen. Ich will mit meinen Schmerzen nicht allein sein. Viel lieber bin ich mit deinen Schlägen allein. Die Schläge sind mir vertraut – Tu den Angelhaken weg. Ja, jetzt schreist du, du bist so blöd wie eine Zwölfjährige. Das Blut rinnt auch nach hinten. Ich ertrinke. Ich drohe zu ertrinken, achso, ich kann ja gar nicht ertrinken. Mach den Vorhang wieder zu. Ich mag das nicht, was du Licht nennst. Das mag es bei dir oben geben, hier tut es nicht gut. Taktaktaktak, das ist der Zug nach Wien. Taktak, leb wohl. Was mach ich nur mit mir – und mit dir. Geh doch heraus und schau dir die Kirschblüte an. So rein war mein Herz, und nun hängst du daran, ein Klumpen Dreck. Wo bist du denn. Nimm den Spiegel weg. Auch wenn ich in dir sein muß, so habe ich doch meine ganz eigene Welt. Versündige dich nicht, ich bin nur dein Gast. Drei Monate habe ich mich ruhig gehalten, wenn nicht dein blöder Sport dich auf mich aufmerksam gemacht hätte. Ich lege mich noch auf das Gleis. Wenn du dich auf das Gleis legst, dann bin ich auch hin. Du kannst doch nicht dieses Häufchen umbringen, umgeben von deinen Fleischmassen habe ich es nicht leicht. Du bist fett. Ich bin nicht fett. Ich bin schlank, du machst mich fett, du bist fett, ein fettes Mannsbild bist du. Entschuldige, mein winziger Däumling, ich rede nicht mehr mit dir. Mein ganzes Leben werde ich mit niemand reden. Es reden eh immer die anderen. Und die Weiber, die Weiber reden immer weiter. Ich sage nur, was Gott mir einsagt. Er ist mein Vater. Mit deinem Schneider kannst du mich. Was willst du mit dem. Er ist wie ein Dackel, an allen Mösen muß er riechen und dann seine Schnauze hineinstecken. Aber von ihm war nur die weiße Kaulquappe, auf der ich deinen Eiern zuritt. Und dann kam das für mich bestimmte Ei, weiß wie eine Hostie, groß wie die Sonne. Das Licht hieß mich willkommen. Bis du dich eingemischt hast. Und solange ich lebe, wirst du mich quälen. So ruhig habe ich mich gehalten und gehofft: Hoffentlich sieht mich keiner, und gebangt: Hoffentlich hört mich keiner. Da mußt du 100 Meter laufen und verlieren. Da war es um mich geschehen. Au, au, die Schmerzen tun weh, schlag mich wieder, auf daß ich abgelenkt bin, bitte, bitte, schlag mich wieder.

2

Mit einem jeden Satz bin ich ein anderer. Was sagst du da. Du sprichst. Du versuchst mit mir zu sprechen. Wie kommst du dazu. Wer hat dir das gelernt. Sag das noch einmal. Das kannst du nicht. Mit einem jeden Satz bin ich ein anderer, hast du gesagt, ja, das kannst du nicht wiederholen, sonst verlöre der Satz seine Richtigkeit. Du bist klug, aber ich kann dich nicht brauchen. Ich bin Sportlehrerin, aber du bedeutest in erster Linie Ranzen, einen Bauch, eine Wampe, verstehst. Ich bin doch viel zu klein für das, was du da sagst. So eine kleine Käseschachtel gibt es doch gar nicht, daß ich mich in ihr nicht verlöre. Du kannst mich ja in der Hand rumtragen, wenn es dir im Bauch zuviel wird. Jaja, komm doch heraus. Ich komme nicht heraus, weil du mich dann umbringst. Ich bring dich nicht um. So, und was hast du die ganze Zeit vor, schschsch Schmerz Schläge Schmerz und Schläge schschsch wie eine Dampflokomotive. Ach, das hast du schon mitgekriegt. Ich kriege alles mit, was du mitkriegst. Ich sehe sogar die Wolken. Da mußt du den Rock nicht über das Fenster ziehen. Ich sehe es so, einfach so. Einfach so? Ja, schau, ein Kamel rast vorüber, wie immer mit dem Kopf voraus, aber der Kamelreiter, der macht noch einen schnelleren Eindruck, er tut nichts und schaut geschwinder als das Kamel aus, er fliegt, das macht es dem Kamel leichter. Was wirst du von Kamelen wissen. Seit ich mit dir schwanger bin, war ich nicht im Zirkus. Also, woher kennst du Kamele? Von den Römern. Wie kommst du auf Römer? Au, schlag mich wieder, damit der Schmerz nachläßt. Am Rande des Schmerzes kann ich gerade noch denken, im Schmerz nicht. Nein, ich kann dich doch nicht schlagen, während wir uns unterhalten, das ist gemein. Was ist gemein. Du kennst Kamele und weißt nicht, was gemein ist. Du bist gemein,

Mama. Er hat zum ersten Mal Mama gesagt. Ich laß mich nicht einwickeln, komm sofort da heraus, du kleiner Kameltreiber, du dreckiger! Ich werde es dir zeigen. Ich schlage dich von nun an nicht mehr, dann mußt du an deinen Schmerzen verrecken. Also, einen Schlag kriegst du noch, aber nur, weil ich wissen will, woher du das von den Römern weißt. Wenn du mich schlägst, dann nimmt die Benommenheit gleich wieder ab. Wir sind doch in Regensburg, und das ist eine Römerstadt. Wir sind in Regensburg? Bist du dir da sicher, ich bin mir da nicht sicher. Denn immer wenn mir elend ist, wünsche ich mich nach Etterzhausen. Dort war ich meine ersten sechzehn Lebensjahre. Dort war es so schön, daß ich nur daran denken möchte, und im Elend muß ich sogar daran denken, in Tränen dakdak dakdak dakdak, ein Zug nach Berlin. Die Eilzüge sind alle durchgefahren. Eines Tages fahre ich mit. Aber nur der Gedanke mitzufahren war schön. Vielleicht auch wirklich mitzufahren. Berlin ist die große Stadt, und Wien ist die schöne Stadt. Das wirst du alles nicht sehen. Ich habe es auch noch nicht gesehen. Jetzt ist er eingeschlafen. Oder ist er gar tot. Dann komm heraus. Schau dir wenigstens an, wer dich umgebracht hat. Aber nicht einmal im Tod traut er mir. Hast recht, woher sollte ein Vertrauen kommen. Es gibt so schöne Tassen, keine wirst du sehen. Wir haben keine so schöne Tasse wie im Schloß unten, war mal dort mit meiner Freundin, aber du hörst mich nicht mehr. Hättest dir deine Mutter anschauen können. Mädchen, du bist im dritten Monat schwanger. Zu spät. Im zweiten Monat ja, Pech gehabt. Und der soll mein Schwager werden, nur weil er Arzt ist. Der mit seiner Unterhosenkatholizität! Zu wem sollte ich gehen. Das wäre schon gegangen, wenn er nur gewollt hätte. Ich sehe das nicht ein. Er ist doch kein Kurpfuscher, wenn er nur gewollt hätte. Er wollte mich schwanger, nur daß er mich abschreiben kann. Ich sollte keine Konkurrenz sein. Derweil ist der so häßlich wie ein Topf von unten, der jahrelang in den Brennesseln gelegen ist. Ich kann meine Schwester nicht verstehen, die macht sich nur wichtig. Und dann Kinder mit dem, ob die wohl lebensfähig sind, wohl kaum. Aus unserer Familie wird nichts, und jetzt ich. Ich schlage dem Faß den Boden aus, au, au. Tut schon wieder weh. Was, du lebst noch, bist noch da, willst noch weiter, willst weiterleben, dann eben ohne mich. Ich werde mir einen Revolver besorgen, dann magst du sehen, wo du bleibst. Ich kenn schon einen von der SA, so einen Braungeschissenen, der seine Zunge hinter seiner Wangenhaut spielen läßt, sobald er mich erblickt: Ein Kind möchte ich von dem nicht, aber das Gegenteil. Wenn du mir einen Revolver leihst, küsse ich dir einmal die Stiefel, aber das Arschloch nicht, dann lach ich mir lieber einen von der SS an. Was hilft, mir hilft nur noch ein Krieg. Und zwar einer auf Jahre hinaus, der viel Zeit verschlingt und ich mir den Traum von einem internationalen Siegersport austreiben kann. Und zwar ein Krieg mit viel Feinden muß es sein. Aber so viele Feinde können über Deutschland gar nicht herfallen, auf daß ein Schmerz herauskäme, der mit meinem den Vergleich zuließe. Oh, warum bin ich dem Leben gegenüber so undankbar, wäre doch bereit gewesen, einen jeden Sonnenstrahl zu begrüßen, ihn gar zu küssen. Du hättest dir aber den Mund verbrannt. Was weißt denn du! Ich weiß alles, weil ich ungeboren bin, das Wissen ist noch ein anderes, und so was willst du umbringen. Ich? Ich will dich nicht umbringen, ich will dich bloß loshaben, raus aus meinem Bauch, kriech unter einen Stein und vergnüge dich mit den Kellerasseln. Du bist ordinär und meinst, daß du ein Recht hast, weil du ordinär bist. Aber wer nicht ordinär ist, will kein Recht auf Ordinäres haben. Das Ordinäre schenkt dir Sicherheit. Nicht ordinär zu sein, ist der Hauch eines Windes, der Hauch des Lebens selbst, das bin ich. Du willst mich nur umbringen, weil ich nicht ordinär bin. Ich bin genau das, was du sein möchtest, was Besseres. Warum weinst du so bitterlich,

wenn du dir beim Holzaufschichten die Finger einzwickst. Du
weinst, weil du keine Handschuhe trägst. Und warum trägst du
keine Handschuhe? Damit du weinen kannst. Du weinst bitterlich. Die fetten Tränen fallen auf dein Kleidchen und durchnäs-
sen es. Ja, wenn es dir gegeben wäre, würdest du es aus deinen
Augen hageln lassen. Aber das gelingt dir nicht, so läßt du deine
Fäuste auf deinen Bauch hageln. Das willst du nicht? Aber du
machst es. Hör nicht auf, sonst fange ich an, aus Schmerz zu
schreien: Ich schrei aus deinem Fenster in die Welt hinaus. Ich
schrei dein Etterzhausen entzwei, zerrupf die Bäume, auf daß
sie sich nicht mehr sehen lassen können, und reiß deinen geliebten Kastanienbaum aus. Das tust du nicht. Das tu ich schon, sobald ich es kann. Und deinen fürstlichen Bahnhof Etterzhausen
schieb ich schreiend aufs Gleis, auf daß er vom Perron hinunter-
fällt auf das Gleis und zerfahren wird und vermischt mit Gebein,
Fleisch und Blut, Stein um Stein. Dein Geschrei wird mich nicht
daran hindern. Dein Geschrei bin ich mit meinem kurzen Leben
bereits gewöhnt. Dein Geschrei hat mich jetzt schon taub gemacht. Dein Geschrei behindert mich. Ich weiß, daß es da draußen in der Welt eine Menge Dinge gibt, die mich interessieren
könnten, aber sie interessieren mich schon jetzt nicht mehr, da
ich sie noch gar nicht erblickt habe, was soll mir denn gefallen
nach der Tortur bei dir? Ich. Du sollst mir gefallen? Ich sehe dich
ja gar nicht. Ich werde dich nie kennenlernen. Dann komm doch
heraus, dann lernst du mich kennen, trau dich. Nein, ich kenne
dich bereits zu gut. Ich werde dir nie trauen können. Ich werde
nach dieser Erfahrung niemand trauen können und nichts. Ja,
alle Freundlichkeit werde ich in Bedrohung umgeschlagen sehen.
Die Sonne droht mir, der Glanz auf dem Wasser droht mir, die
Birke droht mir mit Hornissen, und der liebe Gott droht mir
folglich mit der Hölle, so wie mir der Affe mit seinem Arsch
droht. Ach nein, das soll alles ich dir angetan haben. Schau, der

Mond, ist er nicht still und hat nicht seinesgleichen. Immer sieht er zur Sonne hinüber und nimmt soviel Licht von ihr, wie er kriegen kann. Er ist immer zufrieden und glücklich, sei du das auch. Sei es selber und versuche mich unterm Messer nicht zu belehren. Messer! Was weißt du, was ein Messer ist. Ja, aber ich sollte es mit Messern probieren. Dann tust du dir selber auch noch mehr weh. Ja. Aber wenn das ein Messer ist, dann sollte man mit wirklichen Messern einen Pullover stricken, haha. Ich lach so blöd. Du lachst nicht blöd. Ich würde gerne lachen, weiß aber nicht, was das ist. Weißt du nicht? Schau, wenn du mir jetzt aus dem Fenster dein Pfötchen reichst, und ich gebe dir meine Hand, und du ziehst mich in mich hinein, dann ist das zum Lachen. Noch einmal. Nein, du ärgerst mich, du nimmst meinen Schmerz nicht ernst, du denkst nur an dich. Noch so klein und schon so ein großer Egoist. Du bist mir fremd, du würdest nie einen Finger für mich rühren. Solltest du einen Theaterdirektor kennenlernen, du würdest mich ihm nicht vorstellen. Als Schauspielerin oder als Theaterbesucherin? Fragen stellst du. Du meinst, ich könnte Schauspielerin werden? Was ist denn das anderes, was du mit mir hier anstellst, als Schauspielkunst, meinetwegen auf Leben und Tod, aber es geht ja auch um meinen Tod. Nachdem mein Schwager versagt hat, die Häßlichkeit in Person und Unbrauchbarkeit dazu. Mit so einem Mann in meiner Verwandtschaft mag ich gar nicht mehr leben. Ich bring mich jetzt um, dann ist dein Fall nebenbei auch gelöst. Sie bringt sich um, sie bringt sich um, das ist doch die windigste Schauspielkunst. Ich mach es wirklich. Nein, mach es nicht, wir unterhalten uns zum ersten Mal, und du willst gleich aus dem Leben scheiden. Du bist wie alle Männer: Anteilnahme nur heucheln. Wie soll ich heucheln, mir steht dein Blut bis über meinen Kopf, und du willst mich töten. Das kannst du doch auch später. Ich will dich ja gar nicht töten. Ich will dich nur loshaben. Will meine Freiheit zurück. Schöne Freiheit: ein Vater, der dich verprügelt, dir beim Putzen auf die Finger steigt, dich an den Haaren durch die Zimmer schleift. Nein, den will ich gar nicht kennenlernen. Ach, er ist arm dran, muß in seinem Zimmer die Mandarinen selber essen, dazu sperrt er sich ein. Den Duft der Mandarinen kenne ich nur von den Schalen. Sollten wir uns einmal zusammen eine Mandarine leisten, ich stehl eine für uns zwei, den Schwestern sag ich nichts und nichts dem Bruder, der wird eh nur verwöhnt. Du bist mir listig, willst mich mit etwas hervorlocken, das ich gar nicht kenne: Mandarinen, sind das etwa chinesische Äpfel, ach nein, jetzt habe ich die Nase voll, mach Schluß, gib mir einen Stoß, mir Namenlosen, gib mir ja keinen Namen. Nicht so laut. Warum bist du nur immer so laut bei anstrengender körperlicher Arbeit, warum arbeitest du nur? Weil ich muß. Ich muß arbeiten, und man meint, weil ich die Arbeit schaffe, mache ich sie auch gern, ich hasse Arbeit. Nicht so hart, du peinigst mich, dann bring mich doch gleich um und quäle mich nicht, uns nicht. Jetzt kommt der Vater mit einem Stock. Wenn er mich hier sitzen sieht, und ich tue nichts, dann gibt es Schläge. Du tust doch was: Du versuchst mich aus der Welt zu schaffen, sag's ihm doch, vielleicht lobt er dich. Der kann nur dreschen, bis zur totalen Erschöpfung schlägt der zu. Wenn man sich vorstellt, daß es Theaterdirektoren und Filmschauspieler gibt, dann könnte man verzweifeln an so einem Ochsen, der Vater ist und es nicht sein will. Er ist primitiv wie ein Telefonhörer. Wir haben am Bahnhof so ein Telefon, er ist der Bahnhofsvorsteher. Wenn Züge durchfahren, steht er in Habachtstellung da, als wollte er persönlich Amsterdam, Stockholm oder Budapest grüßen. Athen, ob ich einmal Athen sehen werde, kann ich nicht glauben. Er ist vorübergegangen, wird er eine andere Tochter schlagen. Aber wenn er sie schlägt, tut es mir genauso weh, als schlüge er mich. Nein. Noch mehr. Au, au, verschwinde endlich, du lästiger Kerl. Ich kann nicht verschwinden. Ob der Kastanienbaum noch steht, mein geliebter Kastanienbaum. Wie eine gute Tante war er zu mir und ein lieber Onkel zugleich. Nein, der steht nicht mehr. Ein Gewitter hat ihn zerrissen, gespalten bis in die Wurzeln hinein. Und der Bahnhof, steht der wenigstens noch? Ja, der kann doch nichts anderes in seinem warmen Stein aus der Gegend, dem goldgelben. Was ist das für eine Gegend. Ich weiß es nicht mehr, frag mich nicht mehr, gib eine Ruhe, morgen machen wir weiter. Weiter bis zum Eiter. Ich muß das Blut noch aufwischen. Morgen springe ich vom ersten Stock auf den Perron, dann kannst du dir ein Eis wünschen, wenn du tot daliegst. Würde ich nur einen Theaterdirektor kennen, dann würde ich mit ihm einen Filmschauspieler erschlagen, aber einen Filmschauspieler kenne ich auch nicht. Was du wohl werden würdest, wenn ich dir eine Chance gäbe. Was du bis jetzt erlebt hast, wenn es nach dem ginge, würdest du ein Metzger werden. Oder ein barmherziger Samariter. Laß mich nicht allein, mein Winzling. Hau doch endlich ab, du blöde Sau. Du bist schlimmer als alles andere, was ich schon erlebt habe taktak taktak. Ich war 12 und hielt den Waschzuber auf dem eisernen Waschbecken tak tak da kündigte sich taktak ein Schnellzug an. Eine wilde Sehnsucht riß mir den Blick nach außen weg, als kennte ich noch nicht das schnelle Huschen des Waggons, als kennte ich noch nicht das heftige Aufrauschen der Laubbäume im Fahrtwind, als sähe ich nicht die blusigen Damen am Fenster mit ihrem schönen Haar, als möchte ich nicht die feinen Herren mit ihren beschwipsten Krawatten, die am schönsten hellblau sind. Warum konnte ich mich nur nicht wegreißen von hier, was bin ich nur für ein zentnerschweres Ungetüm, wäre ich doch ein Knopf, und ich könnte mich in ein Zugabteil werfen, wie herrlich müßte das sein, dabeisein zu dürfen bis zum hellblauen Meer, bis zu den weißen Tempeln, den lieben Göttern und den tapferen Kriegern, die erstmals das Wissen verteidigen, die freie Rede und das Maß aller Dinge. Da rutschte mir der Zuber weg, und das brühend heiße Wasser ergoß sich über meine Beine der ganzen Länge nach. Zwischen Ohnmacht und Bewußtlosigkeit zog man mir die schwarzen Wollstrümpfe vom Leib. Die Haut ging mit. Von oben bis, von oben bis unten wildes Fleisch. Ein jeder Verband war der Wahnsinn. Eine jede Bewegung in den Beinen war die Hölle, an Schlafen war nicht zu denken. Von Ohnmacht zu Ohnmacht ging es, nichts anderes tat mir weh. Oft sah ich damals eine Figur im blauen Kleid. Ich dachte, sie sei der Tod, aber sie war so schön, so freundlich und so sanft und ungebeten zärtlich. Wer schickt sie nur. Der Duft schickt mich. Und ich vergaß meine nach Eiter stinkenden Beine. Ihre Hände schwebten über meinen Beinen, und duftend lag ich da im Sand am Meeressaum. Wer bist du, fragte sie mich, und ich wußte nichts zu sagen, nichts zu fragen. Wer sie wohl war. Sobald es die Schmerzen zuließen, rutschte ich auf den Arschbacken. Treppauftrepprunter. Ich rutschte den Perron entlang all die drei Monate und war nah dran, mich auf die Gleise zu werfen. Ich hielt stand. Mein Vater sah nicht gern sein Krüppelkind in seiner Öffentlichkeit. Doch wer aus fernen Ländern in den rasenden Zügen sollte sich um unseren Verwandtschaftsgrad kümmern. In der Eile sahen sie wohl einen Hund in mir, wenn es hochkam. Ja, das war das Schlimmste bis auf jetzt. Schläfst du? Ja. Der Bauch wird dicker. Dann bis auf morgen, vielleicht bin ich morgen nicht so feige wie heute, dann bringe ich dich schon los und sei es mit mir. Aber, mein Bub, wenn ich das hier mit dir überleben sollte, besorge ich mir Handschuhe für schwere Arbeiten, für Gartenarbeiten zum Beispiel. Ich komme schon zu einem Garten.

3

Au au. Wach auf, solang ich noch bei dir bin, gleich muß ich dich verlassen. Was ist denn, bin ich eingeschlafen? Ohnmächtig bist du geworden. Ohnmächtig? Ich und ohnmächtig, ich bin noch nie ohnmächtig geworden. Aber ständig von der Ohnmacht reden. Ohnmacht ist was anderes. Ohnmacht ist vieles, Ohnmacht ist alles. Ich bin ein Frosch im Maul des Storchs. Was bin dann ich, wenn du das bist, was mir zusteht. Du bist der Frosch im Leib der Schlange, du hast es hinter dir, du bist verschwunden. Verschwunden von Anfang an, weil ich bin ja noch gar nicht aufgetaucht. Nicht aufgetaucht bist du, du tauchst ja nicht auf, das ist ja mein Elend, sei tot. Ich lebe noch und bin nicht so von dir abhängig wie du von mir. Das stimmt, du machst mich fertig, so klein und schon soviel Verantwortung, so ein Nichts und so schwer für mich. Ich halte es nicht mehr aus. Diese Rechenaufgabe ist für mich nicht zu lösen. Ich gebe das leere Blatt wieder ab, und jetzt verschwinde. Setzen: 5. Jaja, rechnen ist ja nur für Idioten, die sonst nichts im Kopf haben. Schau, meine Brust hat sich vergrößert, das geht auch auf dein Konto. Ich muß mir jetzt endlich einen Büstenhalter besorgen, und zwar einen braunen, dann fällt er nicht so auf. Seit 1927 habe ich dieses Gehänge, seit wir von Etterzhausen weg sind, ach, mein Etterzhausen, nie wollte ich von dir weg – Was plärrst denn, wir sind doch in Etterzhausen, oder nicht. Nein, wir sind nicht in Etterzhausen, auch nicht in Regensburg. Du bist in mir, und ich bin im Elend, das ist ganz einfach ist das. Das wäre in München genauso wie in Buxtehude oder sonstwo. In Etterzhausen wäre es nicht so. Nein, in Etterzhausen wäre es nicht so, da würde ich mir sofort die Tränen wegwischen, dort trocknet eine liebliche Luft gleich eine salzige Träne, wenn der Vater nicht in der Nähe ist. Ursprünglich wollte er nach Amerika auswandern, da hätte er auch hingehört, zu den Verbrechern, die alles besser wissen und schießen. Der Kuckuck! Hörst, der Kuckuck kuckuckt, das bringt Glück. Hab nur eine Mark in meinem Schürzel, das sind zwei Kinovorstellungen, das müssen mehr werden, vier, lieber Kuckuck, mehr, hör nur nicht auf zu kuckucken, oh, das sind bestimmt sechzehn geworden, sechzehnmal ins Kino, jetzt hat er aufgehört, der fängt gleich wieder an. Da, ich schieb dir unsere gemeinsame Mark durch das Fenster, nimm sie und schüttle sie, das bringt Glück, auch dir Glück. Ich tu dir nichts. Ich steck sie ins Fenster, soweit ich kann, und ziehe mich zurück. Ganz ohne Falsch, ehrlich, schnapp sie dir, die Mark, und schüttle sie. Nicht jetzt, jetzt schreit ja der Kuckuck nicht, gleich, gleich wieder. Stell dich nicht so an, warten kann doch ein jeder, hast ja bis jetzt auch gewartet, du guter Warter, du göttlicher Warter, drei Monate wartet er, und ich merke nichts, und jetzt schüttelt er die Mark in meinen Bauch, nachdem er sie an sich gerissen hat. Gib mir die Mark wieder, der Kuckuck hat sich verzogen, oder ein Raubvogel hat ihn erwischt, was für ein Raubvogel. Hör auf, die Mark zu schütteln, und gib sie wieder raus. Du willst mich wohl ärgern, du Schlingel, gleich bringe ich dich um. Sofort. Jetzt. Ich zähle bis drei. Ich bin feil schon bei fünf, und du gehorchst mir nicht. Es ist schwierig von außen, wo es hell wird, mit einem Spiegel in das Zimmer zu schauen, wo es finster ist. Ich sehe dich nicht und nicht mein Geld. Ich bräuchte eine Taschenlampe. Das ist ja ein Durcheinander, soweit ich in dem Blut was erkennen kann. Aber auch wenn es nur feucht ist, ist es gruselig und der süßliche Geruch zwischen Rollmops und Himbeerkuchen. Da rutscht ja die Mark wieder hervor, danke. Schau, wenn du auch hervorkämst, würde ich dich hochhalten, wie das Geldstück mit zwei Fingern hochhalten, auf daß das Licht dich ersticht und die Luft dich trocknet, auf daß von innen deine Knochen gegen die dürre Haut stoßen, deine Knöchelchen, soweit du schon welche hast. Und dann würde ich dir den Kopf abbeißen und wegspucken bis weit über die Mitte des Zimmers. Da schweigt der Humanist. Ah, der Kuckuck beginnt wieder, aber ich trau dir nicht mehr. Das eine Mal ist dir die Mark bestimmt ausgekommen. Wozu brauchst du denn Glück, hast eh keine Zukunft. Zuerst brauche ich eine Zukunft, und dann bist du dran. Sag was. Ach, das ist ja ein Zehnpfennigstück, das ist ja gar keine Mark, das sind nur zehn Pfennig, wie kommt das, wie machst du das nur? Du gehst in der Nacht raus mit mir, schlenderst herum, schlenderst weiter herum. Findest Münzen, packst sie und steigst wieder in mich hinein, deswegen bist du tagsüber so ruhig, weil du von deinen nächtlichen Ausschweifungen ermüdet bist. Dein Daddy hat auch tagsüber mit anderen Weibern geschlafen, tut er wahrscheinlich noch, der Schneider, immer noch. Aber ich habe ihn aus meinem Herzen herausgerissen und in die Isar geworfen mitsamt dem Verlobungsring, nur dich habe ich noch nicht los. Schau, mit dem Blut läßt sich sogar zeichnen. Ob du auch Linkshänder wirst wie ich? Du wirst gar nichts. Das ist eine Rose. So eine Rose wie auf der alten Tasse aus dem Schloß von Etterzhausen, nur nicht so schön, und viel zu rot. Ich traute mich nicht zu trinken, habe sie nur angeschaut, die Tasse mit dem Tee. Der Tee hatte die Farbe von Pferdepisse, aber geschmeckt hat er nicht so. Da lag früher ein Teppich, den hat dein, dein ins Pfandhaus gebracht, so kann ich hier zeichnen – für dich. Das soll ein Häschen sein. Ich weiß, daß es keine blutroten Hasen gibt, aber wir haben nichts anderes. Und wenn ich ein rotes Pferd male, dann gibt es auch keinen Ausweg, Geliebtes. Pferdchen nannte mich dein, dein, der Schneider. Aber schau, das sind Entchen von Etterzhausen. Wenn die wüßten, daß ich sie rot male, würden sie sofort abtauchen, sich plustern und schütteln, bis sie sich wieder normal fühlen, ach, wie kann ich ihnen das nachempfinden, ha! Eine Militärmusik

geht vorbei, wie ich das hasse! Beim Sportfest, wenn wir auf-
marschieren ohne Waffen, ja, und im Trikot, ja, Musik, aber mit
Waffen in Uniform, abscheulich. Die gehen doch nur nebeneinander, damit sie leichter erschossen werden können. Übernimm
jetzt du das Kommando. Ich darf jetzt das Kommando übernehmen, von was denn. Vom Sterben. Vom Tod, im Gleichschritt
marsch marsch heraus aus mir marschiert und rechts um, mein
Bauch ist dein Exerzierplatz. Ach, entschuldige, wenn ich dich
mit soviel Lärm in Verbindung bringe, der du nur ruhig sein
willst. Und die vielen Dinge, mit denen ich dich konfrontiere in
meinem Kopfdurcheinander, der du noch nicht einmal in Hemds-
ärmeln bist. Hoffentlich wirst du nicht so dunkel wie dein Vater,
der Zigeuner. Der Schneider ist schwarz wie ein Inder, aber seine
Stimme, aber seine Stimme, die ist so weich, so melodisch. Wenn
er mir untreu ist, soll er dabei nicht seine Stimme nutzen, nur
seinen Schwanz, die Stimme nicht. Wenn er wiederkommt, soll
er auf meinen Bauch sprechen, damit du einmal was anderes
hörst als mich Heulsuse. Schau, das ist ein Häschen. Das macht
mit dem Näschen immer so. Ich kauf dir eins, dann kannst du es
immer anschaun in seinem Stall, am schönsten sind die weißen
mit den roten Augen, die gibt es auch klein, damit du dich nicht
fürchtest, lieb sind die, so lieb … Interpretier das, wie du willst.
Aber wenn du merkst, daß sie das mit der Nase auch machen,
wenn du nicht zuschaust, dann ist es vielleicht nicht mehr so interessant für dich, Zeuge von etwas zu sein, das nicht deinetwe-
gen geschieht, während sich jetzt alles nur um dich dreht. Meine
Damen und Herren, hier sehen Sie den kleinsten Mann der Welt.
Dein Auftritt, laß dich doch sehen, sei nicht so ekelhaft, du bla-
mierst mich. Du wirst mich immer blamieren. Ich sehe schon,
wie teilnahmslos du herumstehst und keinen Apfel ißt, nur weil
er von mir ist. Iß ihn halt! Dann lang selber in die Tüte, wenn dir
davor graust, daß ich den Apfel angelangt habe, du bist mir einer!

Warum nur an dir nichts Normales ist? Weil ich dich von Anfang verzogen habe. Von Anfang an ist gut, die ersten drei Monate habe ich ja gleich gar nichts gemerkt von dem, was in meinem Bauch vorgeht. Sitzt er drinnen und läßt den Herrgott einen guten Mann sein und rührt sich nicht, im Vergleich zu dir ist ja der Mann im Mond ein Hürdenläufer. Schade, daß du eigentlich Jesse Owens nicht sehen wirst, vier Goldmedaillen hat er in Berlin gewonnen und einen Muskelkater gehabt wie noch nie. Da war der Hitler richtig neidisch und hat ihm die Hand nicht gegeben. Dabei wäre mir der Jesse Owens am Arsch lieber als der Hitler im Gesicht, der mit seiner Mundgestanklarve. Eine Larve hat der, wenn der im Fasching als Hitler ginge, sagten alle, der ist aber originell, der ist aber mutig, im Fasching als Hitler sich zu maskieren. Sofort verhaften und zur Hinrichtung. Kopf ab. Stell dir vor, dann haben sie keinen Hitler mehr. Dann müßten sie alle als Hitler herumlaufen. Was haben wir für ein Jahr? 1938. Ach, du weißt schon dein Geburtsjahr, sei nur recht laut. Ist aber traurig, wenn auf dem Grabstein steht von 1938 bis 1938, abgesehen von der großen Sentimentalität ist es schlechtweg wenig. Wenig, wenig ist zu wenig für meinen Sohn, viel zu wenig, er soll alles haben, vor allem mich, alles, das bin nämlich ich, wenigstens alles für dich, und darum bringe ich dich um, bevor du mich umbringst, so ist es doch, das Gesetz der Natur – da mag ich doch kein Mensch sein, da mag ich doch kein Mensch mehr sein und du auch nicht, du Mistkerl, du geliebter. Schau, das sind Züge, tsckatscka, das sind Waggons mit Einzelabteilen, und das sind die Fenster in den Waggons, und da schauen Menschen aus den Fenstern und winken uns zu, wenn wir auf dem Perron winken, und einmal ist einer Dame der Hut davon, dem bin ich nach, der war so schön und aus weißem Stroh mit blauen und roten Stoffblumen. Das war mein Heiligtum. Bis ihn meine Schwester als Trokkenabort benutzt hat. Das tat mir weh, denn ich hätte das nicht gekonnt. Ich habe sie für verrückt erklärt, sonst hätte ich sie erschlagen, geschlagen habe ich sie sowieso, aber nur das eine Mal, wegen meines allerschönsten Hutes. Ich habe sie für verrückt erklärt. Ab dem Zeitpunkt war sie für mich verrückt und nicht mehr ansprechbar. Ich gab nur noch Befehle, auf die sie nicht hörte, ab in die Heilanstalt, das ging. Aber die sich in den Wohnungen der Juden so aufführen wie Schweine, die gehören auch in die Heilanstalt, waggonweise müßte man die überführen taktak und enthaupten schakschak, alle. Ich kann es nicht verantworten, dich in diese Welt zu lassen. Erneuter Versuch, erneutes Mißlingen, überall Blut, ein Königsmantel in Purpur, wo ist die goldene Bordüre für den unteren Saum, und ab in den Wald. Komm doch raus, ich kann nicht mehr als auf zwei Beinen hüpfen. Du sagst nichts mehr, deine Unterhaltung geht mir ab, ich werde verrückt. Ich werde nicht verrückt, und du darfst auch nicht verrückt werden. Nie! Versprich mir das, egal was kommt. Ein kluger Kopf hat immer noch ein Hintertürchen, einen Gedanken hinter den Gedanken. Wenn ich einen goldenen Ring verliere, war der goldene Ring einfach nicht mehr wert, als verloren zu werden, egal wie viele Würstchen sein Gegenwert wäre. Erlöse mich doch endlich von den Qualen, schwanger zu sein, stirb und alles ist vorbei. Ich bring mich um, dann magst du sehen, wo du bleibst, das sage ich dir, jetzt sei so nett und folge mir, nur einmal im Leben, dann bist du frei und ich sowieso. Oder willst du nicht frei sein? Willst du dich an die Weiber klammern und an Weihnachten, so wie du dich an mich klammerst. Auch die wollen dich alle nicht, Weihnachten schon gar nicht, was soll denn Weihnachten von dir wollen. Wenn kein Geld da ist, dann ist Weihnachten eine kurze Veranstaltung, eine ganz kurze, das sage ich dir. Jetzt spüre ich wieder deine Knie, oder ist es nur eine Ader, die sich entleert. Vier Wochen später und du könntest ein Weihnachtskind werden, dann hätte ich auch einen Namen, ich nennte dich einfach Weihnachten, ohne Franz und aber, Weihnachten. Und wem soll das gefallen, natürlich niemand. Ich sehe das alles nur falsch. Nur weil wir kein Geld haben, ist das kein Grund für einen falschen Blickwinkel. Ich drehe das um: Alle Welt sucht mich nur, um mir Geld zu geben. Die beugen sich über Zeitungen und finden nichts von mir. O mein Gott, die möchten doch nur, daß ich ihnen was abkaufe. Die werden mir Geld geben, damit ich ihnen was abkaufe, nachwerfen sie mir ihr Geld, wirst sehen. Erst mußt du weg, dann geht alles wie von selber. Ich werde trainieren, alles, was geht, den Neunkampf. Am Reck bin ich fast noch so schlapp wie im Weitsprung. Selbst auf 100 Meter gibt es bessere. Wenn ich nur mit dem Keulentanz antreten dürfte, da bin ich nämlich unüberbietbar. Und auf dem Barren, wer war schon besser, fallen mir nur Männernamen ein. Aber wenn man wirklich gut sein will, dann darf man nicht mehr in Männern und Frauen antreten. Die Männer bekommen einen Ziegelstein in ihre Hose, und auf geht es, das möchte ich schon sehen. Auf allen Gebieten sind Frauen besser als Männer, warum denn nicht auch im Sport, wenn es nur gerecht zugeht. Und beim Schwimmen bekommen sie auf eine jede Brustseite einen Ziegelstein geschnallt. Und Kinder müssen sie kriegen, die Reagenzglasfeinde, die immer noch Frauenbehälter für ihren Nachwuchs brauchen. Das ist Nötigung, bittere Nötigung, wie man an mir sieht. Tödliche Nötigung. Was hängt denn da weg, bist es du? Du wirst es nicht sein, das ist ein Fetzen von mir. Hast du eine Pinzette? Hast du keine Pinzette. An mich denkt niemand, nicht einmal meine Mutter. Doch, ich denke an dich, noch bin ich deine Mutter und hoffentlich nicht mehr lang. Denn ich werde diesem Horror ein Ende setzen, aber wie ... Laß mich am Leben und stell dich dem Ganzen. Dich am Leben lassen? Was soll denn aus dir werden, nach dem, was du jetzt schon alles mitgemacht hast. Du wirst vorm Leben davonlaufen und dich verkriechen, so wie du dich jetzt verkriechst. Für das nächste Mal leg ich mir ein Medizinsackerl zu mit einer Pinzette und Chlorophyll, dann betäubt und raus mit dem Ungeziefer, eins nach dem anderen, hoho. Was willst du denn mit den Männern, die sind doch deiner nicht würdig. Du wirst ja nicht einmal mit mir fertig und bist auf dem besten Weg, aus mir eine Mißgeburt zu machen. Du bist doch auch mein Sohn, du hast doch mein Erbe in dir, du bist doch nicht so ein Würstchen, das nur darauf wartet, daß man es abschleppt. Wenn sie dir was zahlen und meinen, du bist im Preis inbegriffen. Was soll ich mit so einem Vollidioten, der sich nur abreagiert. Ich brauche Kultur. Ich will den Nil sehen, und zwar so weit wie er ist und nicht das Geringe auf der Opernbühne. Ich will des geldigen Mannes nicht sein kleinliches Abendvergnügen, nicht Theater mit seinen gespreizten Manieren oder ihre Verhohnepipelung, was noch unerträglicher ist. Auch will ich kein Bild mit seinem Rahmen, in das ich schauen kann wie ein Schaf. Mir ist das einfach wurst, ob es das gibt oder nicht. Wer hat dich schon gewollt und willst doch kommen. Ach, könnte ich weinen, mein Kopf' ist so verworren · wie ein Ameisennest, wenn die Ameisenköniginnen schwärmen. So elegant laufen sie hin und her, bis sie davonfliegen, ein neues Reich zu gründen mit ihrem eierträchtigen Hinterleib. Die schwafeln nicht von Freiheit wie die Holzköpfe, die tun es einfach. Und ihrer sind so viele, mit noch viel mehr Eiern, aber das Menschengeschlecht sitzt hier einsam als entgleister Zug mit einem blinden Passagier, der im Sterben liegt. Die Sonne geht und geht und zeigt der Zeit den Weg, die im Quadrat mindestens so wenig ist wie ich, aber weniger als mich gibt es nicht. Doch! Dich. Ich höre Schritte, wo bleibt der Vorortzug, ich höre keine Schritte, hier gibt es keinen Vorortzug wie in Etterzhausen. Gegen Gott schimpfe ich nicht, weil es den nicht gibt, denn wenn der Mensch vom Affen abstammt, dann stammt Gott noch lange nicht von Göttern ab.

Wenn ich einen Pinsel hierhätte, wenigstens, damit ich das Rot
besser verarbeiten kann, mit Spucke verdünnt läßt sich da schon
was machen. Eine Sonne, denn am Anfang war die Sonne, und
die Sonne ist am Anfang immer rot. Schau, du bist meine Sonne
oder bin ich deine Sonne? Dein Schraubenschlüssel will ich nicht
sein. Die Männer mit ihrer Technik, von Technik spricht man
nicht, ebenso wenig vom Militär, doch jetzt gibt es nur noch das
Militär, das deutsche Militär mit der deutschen Technik, da wird
einem angst und bange, und die armen Juden lassen sie jetzt gar
nicht mehr frei, was die alles gemacht haben, und jetzt wird nur
noch zu den immergleichen Liedern marschiert. Ich kann mich
doch nicht umbringen, dann hast du ja gar niemand mehr und
bist an Weihnachten ganz allein. Verlaß du mich doch. Ich komme
mit dem Alleinsein schon zurecht, jedenfalls besser als du. Ich
lege dich in ein Körbchen, das lege ich auf die Isar, wo sie nicht
mehr so reißend ist, gleich hinter Schwabing, und schau dir zu.
Duftende Blütenblätter sollen dir duftendes Parfum ersetzen, du
schaust in den Himmel und denkst an Ägypten, der Himmel ist
heute so blau wie am Nil. Ja, und wer rettet mich? Du mußt nicht
gerettet werden, du bist ja tot. Und mit der toten Nase soll ich
dein Parfum riechen. Schöner Totenkult, den du dir da vorgau-
kelst, nur ist es dazu für mich zu früh, ich bin doch dümmer als
eine Nacktschnecke. Bist du nicht! Bin ich schon, und du bist
dümmer als ein Mann mit deinem Gerede. Mit deinem Gerede
könntest du doch eine Orgel erfinden, mit acht Registern und nur
zwei Tönen, für eine Trauermusik für mich wird es schon reichen. Und für dein trauriges Leben nach mir reicht es allemal.
Wie willst du denn ohne mich weitermachen. Ich bin doch dein
Hoffnungsträger, du bist doch als dein eigener Hoffnungsträger
viel zu alt. Ja, in Etterzhausen, da warst du noch dein einziger
Hoffnungsträger, damals mit siebzehn, als du den Kastanienbaum umarmt hast, als du dich noch nicht mit einer alten Schreib-

maschine rumärgern mußtest, die dir Fehler in das Diktat des Chefs gesetzt hat, so viele, daß er dir dein Gehalt gekürzt hat, war eh winzig. Dein Gehalt ist das einzige, womit ich mich solidarisieren kann. Aber hast du deswegen, weil dein Gehalt so gering war, darauf verzichtet? Nein, gespart hast du auf ein Fahrrad. Aber mich willst du nicht haben, als wäre ich weniger als so ein paar Gehaltspfennige. Oder willst du mich loshaben, weil man dir dein nagelneues weißes Rad gleich gestohlen hat, sozusagen unter dem Hintern weggestohlen hat. Ich habe keinen Hintern, das verbitte ich mir. Und jetzt soll ich wenigstens zwangsweise dem Verlust deines Fahrrades nachfolgen? Logik ist zwar schön, aber sie hat auch ihre Grenzen, vor allem, wenn es unmoralisch zu werden droht. Ein Kind in meinem Alter zu töten ist nicht verdammungswürdig, aber du tötest doch mich. Du bringst mich so langsam um wie ein Landser, der einen Tartaren erdolchen muß, nachdem er aus dem Moorloch geschnellt ist und dich niedermachen will mit seinem Messer. Schau dir doch die zwei Deppen an, grundlos tun sie es zwangsweise, und zwar zugunsten des Deutschen, der seine Handfeuerwaffe nicht findet, den Barbaren über den Haufen zu knallen. So muß er sein Leben lassen, der Deutsche, nicht unter seinem Bett, sondern in Rußland. Und so blöd sind wir zwei auch. Glaub bloß nicht, daß ich aufgebe. Da kannst du mit Stricknadeln, Pinzetten und sonst was kommen, versuch es doch mal mit einem Geranientopf. Und dein Herumgehüpfe bringt mich nur zum Lachen. Ich täte gern lachen, aber es tut zu weh. Wer glaubst du, wer du bist, daß du mit mir so umgehst. Bist du etwa deine eigene Gebärmutter, auf die nur du ein Recht hast? Dann setze dich doch einmal hinein in deine Gebärmutter und tu dir das an, was du mir antust, dann wirst du erleben, welches Unrecht du an mir ausläßt! Denke an deinen Bruder, der nun schon acht Jahre tot ist! Wenn du mich verlierst, wird dein Schmerz über den Verlust deines achtjährigen

Bruders über dich kommen und dich endgültig unter sich begraben. Überlege es dir genau, ob du das Grab für zwei Jungen sein willst, oder wenigstens für den kleineren eine Mutter. Da gibt es nichts zu überlegen, dem Elend sind Gedanken fremd, und einen, der einen aus dem Elend herausführt und wieder am freien Denken teilnehmen läßt, den gibt es nicht. Doch, mich! Ja, dich, du Elend in Potenz. Ein schönes Zwiegespräch bei sinkender Sonne. Und wehe dem, der sich nicht einbilden kann, daß die Sonne ihm zur Erleichterung sinkt und die Ameisenköniginnen Eier legen, auf daß man ein wenig glücklicher wird. Haben wir das jetzt zu zweit gesagt? Nein, das warst nur du, mir in deinem Elend, wie gesagt, käme das nicht. Amen. Du mit deinem Scheiß-amen. Merkst du denn nicht, daß da einer gegen die Mauer rumpelt. Mit einem Auto bumst der gegen deine Mauer, kennst du ihn? Das wird ein Verehrer sein. Dem sein Auto möchte ich nicht sein, dem erginge es ja wie mir. Schlaf jetzt, Sohn, ich bringe dich erst morgen um. Mir wird ganz schwummelig, leb wohl, du Dornenhecke, die ich nicht loskriege. Da soll einer leben in diesem Gefängnis und Schlachthof zugleich. Ich mag diese Farbe des Todes nicht mehr und ihren Geruch – Ich wohne im fünften Stock in der Dreimühlenstraße, wie sollte in dieser Höhe ein Auto gegen die Außenmauer rasen, noch dazu ein Verehrer, was ich mir immer einbilde – Das ist mein Herz, das mir bis zum Hals schlägt. Und doch fühle ich mich wie schon dreißig Jahre tot.

Pause

4

Gut, daß ich aufgeräumt habe, bevor ich weg bin, jetzt wäre ich zu müde, endlich mein Bett. Nun habe ich einen Revolver, der Schubert Franz von der Ettstraße hat ihn mir ausgeliehen. Das Ledertascherl fühlt sich angenehm an, aber das Eisending darunter ist schwer. Ich leg ihn lieber weiter weg. Ich leg ihn lieber weiter weg, aber wohin? Ich habe keine Kommode, daß ich ihn dahinterschieben könnte. Die Kommode kommt noch, habe eine gesehen. Auf den Stuhl, wenn ich den Revolver lege, wird er so angriffsbereit. Den Stuhl brauche ich am Bett, damit ich den Kerzenständer dahabe. Heute ist ja die Nacht so hell, daß ich wirklich kein Licht brauche. Und das Nachthemd liegt da, wo es hingehört, unter der Bettdecke. Wenigstens mein Nachthemd hält zu mir! Waschen tue ich mich morgen früh, erschrecke ich dich ja, wenn ich jetzt noch mit dem kalten Wasser komme. Auf dem Viktualienmarkt schienst du mir ein wenig durcheinander, und dann bist du erstarrt, stundenlang am gleichen Fleck ist nichts für uns zwei, wir sind Bewegungsmenschen. Einen Burgunderwein habe ich für deinen Papstfilou ausgesucht. Ich nenne ihn Papstfilou, weil er dein Papa ist und ein Filou. Schuft wäre übertrieben. Daß er aus der Partei ausgetreten ist ohne Konsequenzen, macht ihn sehr wichtig für mich. Wenn ich die Schwanthalerstraße überquere, denke ich immer an ihn. Das Abendlicht über der Bavariahöhe stimmt mich immer etwas friedlicher. Seine Mutter ist ja da oben, aber sie weiß auch nicht, wo er ist. Da er nicht mehr bei der Partei ist, sind seine Geschäftchen gefährlicher als die von Bonzen. Er ist ja auch schlauer als so ein Nazidepp, aber da gibt es schon gerissene, die schnell einen Waggon Rindviecher gegen zwei Waggon Juden eintauschen. Sosehr, wie sie die Juden hassen, essen mögen sie sie dann doch nicht. Deutsche nähren sich von Judenfleisch, das wäre ein gefundenes Fressen für die Auslandpresse. Man weiß ja nicht, was im Verborgenen geschieht. Man hört ja vieles. Zwischen dem, was man nicht weiß, und dem, was man wissen könnte, liegt ein haushohes Gebirge. Die Kommunisten hetzen sich ja auch nur gegenseitig auf, sie lechzen nach der Macht, die die anderen haben. Ich trau ihnen nicht, die Nazis sind wenigstens ehrlich blöd, die Roten sind mir zu gehässig, sie scheinen Haß mit Intelligenz zu verwechseln. Den Durst nach Gerechtigkeit muß man eben streckenweise aushalten können und nicht gleich mit irgendeinem Blödsinn löschen. Am Abend habe ich noch in der Wirtschaft unten bedient. Keine gescheiten Judenweiber sitzen mehr dort, nur unser Gesopse. Wenn ich auch nicht gescheit bin, so versuche ich doch etwas klüger zu werden, etwas. Dein Papstfilou war heute auch nicht da. Seit ich mich für dich entschieden habe, ängstigt er mich nicht mehr so, nicht mehr nur. Wir zwei brauchen Frieden. Hast du heute bei der Arbeit bei Gisela aus Mißfallen so mit den Füßen gestoßen? Kannst du ihre Stimme nicht hören? Wenn du erst auf der Welt bist, gefällt sie dir gewiß, du kannst in ihrem Stand herumlaufen, und sie wird bestimmt nicht plärren, daß eine Ruhe sein muß. Dich muß sie ja nicht so schwach anreden wie mich. Ich ertrage den Käsegeruch nicht, aber sie kann dir den Viktualienmarkt zeigen und das Haus vor der Peterskirche, wo sie im vierten Stock wohnen, einen ganz engen, langen, schmalen Gang haben sie vor den Zimmern, da darfst mit dem Dreirad fahren, auf dem Viktualienmarkt ist es ja so holprig, und du mit deiner Zigeunergoschen wirst bestimmt für viele unerträglich frech. Mußt immer gleich sagen, mein Vater ist bei der Partei, mußt ja

nicht sagen, daß er nach dem Röhmputsch ausgetreten ist. Der
Gisela verdanken wir dieses Zimmer, vielmehr ihrer Schwester,
eine verkniffene Person, ich mag gar nichts zu ihr sagen. Aber
wenn ich mit der Gisela manchmal reden muß, und sie schnappt
was auf von mir, muß sie es gleich negativ kommentieren. Alles
muß ihrer Ansicht nach einer allgemeinen Meinung angehören,
in der wenigstens die Nazis keinen Platz haben. Sag ich neulich
zur Gisela, daß ein Ehemaliger von mir neulich am Stachus, am
Sendlinger Tor, in der Sonnenstraße tödlich verunglückt ist mit
seinem Motorrad, das ihm Papstfilou viel zu teuer aufgedrückt
hat, eine BMW mit Rücklicht. Schau dir doch das Rücklicht an,
muß Papstfilou gesagt haben, so ein Rücklicht hast du noch nie
gehabt, was meinst du, wie da dein Hintern rauskommt, da ren-
nen dir die besten Weiber nach und wollen auf deinem Sozius
sitzen, und im Rausch kannst notfalls rückwärts fahren. Wenn er
wiederkommt, wirst du seine Stimme hören. Hoffentlich gönnt
er dir seine Stimme. Der kriegt einen jeden rum, aber auch eine
jede, auch die häßlichen, wenn ihm in seinem Rausch alles
wurscht ist. Gottfried hat er geheißen, oben einen Haarschopf
und unten Plattfüße. Als ich von seinem Tod berichtete, mußte
ich lachen. Lachend berichtete ich von seinem Tod. Das mag
schon ein wenig ein gemeines Lachen gewesen sein, denn ich
stellte mir vor, daß er im Tod auf seinem Motorrad eine ebenso
lächerliche Figur abgegeben hat wie bei mir im Bett. Nach dem
Samenerguß hat er sich neben mich auf das Bett geworfen, so
gesagt, aufgestanden und ausgeblieben. Ich habe es ihm gegönnt,
daß er in der Sonnenstraße nach seinem Unfall liegenbleiben
mußte. Stell dir vor, so einer wäre dein Vater, der sähe dich gar
nicht und kennte dich nie. Wenn einer gar nichts zu verbergen
hat, ist er zu langweilig. Und nur einmal hat er mich zu einem
Lachen gereizt, nämlich als ich im Käsestand Gisela von seinem
Tod berichtete. Ja und, meinte Gisela, und ihre Schwester keifte:

Da lacht sie auch noch. Am liebsten hätte sie mich angezeigt. Aber lachen darf man bei den Nazis über den Tod schon. Es wird ja eh bald nichts anderes mehr zum Lachen geben. Ich finde das komisch, wenn sich 100 000 Männer durch den Dreck wühlen, krepieren und tot sind. Diesen blöden Hammeln gehört es doch nicht anders, wenn sie Judenmädchen durch die Kamine in den Wind jagen. Männer! Soldaten sind kein romantischer Ausdruck des Langweilers Mann! Die nächste Generation kann eh nur besser werden, wenn es nicht mehr so viel Männer gibt. Schau, da habe ich dir einen kleinen Buddha mitgebracht. Auf meinem nackten Bauch hebt und senkt er sich mit unseren Atemzügen. Entschuldigung, du atmest ja noch nicht. Bist du jetzt noch ein Fisch oder schon ein Äffchen? Jaja, sondere dich nur ab, ich weiß schon, daß wir nicht den gleichen Blutkreislauf haben. Mir gangst, dann hätte ich ja Männerblut in meinen Adern, bei aller Liebe! Der Buddha ist ja nur aus Pappmaché, aber schön bunt angemalt, die Buddhas kommen aus Tibet, sie sind jetzt bei uns ziemlich angesehen, nachdem die Pfaffen ihren Jesus zu Tode gehetzt haben, zuerst haben sie ihn auf den Kirchturmspitzen abgestellt, damit die Blitze ihn erschlagen, dann haben sie ihn auf die Bergspitzen verdonnert, als hätte er in Jerusalem am Kreuz nicht genug gelitten in der Hitze, muß er jetzt in Eis und Schnee verenden. Diese Samenschlecker bilden sich wohl ein, das Leiden könnte man erlernen, trainieren die Kreuzeslast in Extremsituationen und noch extremeren Situationen. Männerreligion, Bergsteigerreligion. Buddha ist eine Frau. Mußt ja nicht gleich ein Tibeter werden. Immer diese Übertreibungen immer. Annamirl heißt die Schwester. Ich kann mir ihren Namen nicht merken, nur weil ich sie nicht mag. Männer sind blöder als Karpfen, meinen, mit ein wenig Schwanzwedeln kommen sie durchs Leben. Sie meinen, mit Todesangst kommen sie durchs Leben mit ihrem Geschlechtstrieb. Ich habe kaum einen Geschlechtstrieb und kaum eine Todesangst. Oh, schau, der Mond kommt zum Fenster herein, er ist zwar schon etwas lädiert, aber man kann sich immer noch das ganze Rund vorstellen. Aber egal, wie wenig er bekommt, er liebt die Sonne. Schau, das ist mein Bauch mit dem Papierbuddha, und zwischen den Beinen erblickst du meinen Sohn, soll ich dir das Fenster aufhalten, siehst du ihn? Er versteckt sich immer, er hat es nicht leicht. Er ist immer auf Umwegen, nur arbeiten mag er nicht. Das weißt du doch gar nicht. Mond, du sprichst mit mir. Das weißt du nicht. Du hast ja eine entsetzlich dunkle Stimme. Ich verstell sie nur. Denn ich bin doch eine Frau und habe dich in Sehnsucht nach der Sonne in deinem Zimmer entdeckt. Deinen Sohn mag ich, denn er ist unbeständig wie ich. Woher weißt du, daß es ein Sohn ist, wäre ein Mädchen nicht ebenfalls recht? In diesem Fall nicht. Wo eben nichts war, sind auf einmal drei Karpfen und genießen das Licht. Drei Karpfen, du, ich und er. Nenn die Schwänze der Männer nicht Karpfen, beleidige mich nicht. Und du belehre mich nicht. Eine Frage gewähre ich dir und bringe sie zu ihm, dem Sonnengott. Wird mein Sohn sich mit Weibern blöd anstellen? Ja. Und weil du keine Fragen mehr hast, will ich die Antwort ausführlicher geben. Du kennst nicht den David von Michelangelo. Und ob ich den kenne, der steht doch in einer jeden Parteizentrale. Belehre mich nicht über den Unfug deiner Zeit. Auch die Zeit vergeht. Dein Sohn wird Schwierigkeiten mit den Weibern haben, weil er auf unserer Seite steht. Und die Frauen werden sich mit ihm schwer tun, weil sie auf der Männerseite stehen. Doch tröste dich: Dein Sohn wird nur Töchter machen. Denn hätte er einen Sohn, so würde der sich gleich seinen eigenen Männergott suchen, und der Fortschritt wäre gleich null. Mehr willst du wohl nicht wissen, leb wohl. Aber ein Enkelsohn könnte mich später an meinen kleinen Sohn erinnern. Kann er nicht. Normale Männer schauen immer in die Richtung ihres Schwanzes, auch wenn sie draufsitzen und

behaupten zu meditieren. Ich muß fort. Ich krieg keine Luft
mehr. Ich muß winken. Hell dunkel hell dunkel und so fort …
Was wollte ich noch weiterdenken? Daß ich die Annamirl Galgenfrist nennen wollte, aber wenn ich zu ihr im Stand sage: Du
Galgenfrist, haben wir noch ein Kondom Blue, dann explodiert
sie, einmal weil das Bavaria Blue heißt und sie Annamirl. Das
drängt aber so aus mir. Sie Galgenfrist zu nennen. Mein Herz
sagt, sag es, sag es, du Galgenfrist, wie lang hast noch? Oder, du
Galgenfrist, steht der Galgen schon? Oder, du Galgenfrist, hast
schon einen, der dich hinhängt. Am Galgen jedenfalls könnte sie
nicht häßlicher sein als im Käsestand. Ich gehöre zu dem Verein
nicht mehr lange. Heimlich kehren wir die Würmer von den offenen Sorten. Kommt neulich ein kleiner Mann und grinst mich
weltberühmt an. Kennen wir uns, fragte ich. Noch nicht, sagte
er, was nicht ist, kann noch werden. Da wird gar nichts, sage ich.
Sie abgebrochene Zaunlatte. Ich habe gar nicht gewußt, daß wir
ein Loch vor unserem Stand haben, in dem Sie jetzt offensichtlich
stehen. Gisela sagt laut und mit mehr Deutsch als sonst, was hat
sie jetzt gleich wieder gesagt, daß das der Herr Willi Forst sei,
der Willi Forst, der Filmregisseur und Schauspieler. Galgenfrist
schnitt eine straffe Grimasse, als wollte ihr der Strick schon tatsächlich den Kopf vom Leib ziehen. Ach, sagte ich, der, da habe
ich neulich einen Film mit Grete Weiser gesehen, also nee, dat
war schon ein Ding, ich mußte aufpassen, daß ich nicht in die
Hose dufte vor Lachen, die hätte ich gerne in der Verwandtschaft
statt der vielen dummen Trauerklöße, die immer den Hitler an-
himmeln, statt zu lachen, weil er ein Komiker ist, na wenn ich
den im Radio höre, verdufte ich sofort aus dem Häuschen und
lach mich kaputt, als hätte ich einen Brechdurchfall. Wenn Karl
Valentin ein Zahnstocher ist, dann ist Karl Hitler ein Schnee-
mann, denn der muß bald schmelzen in dem Feuer, das er an-
facht. Also mit der Frau möchte ich nicht in Verbindung gebracht

werden, sagte dieser Karl Forst. Ich auch nicht, da hatte ich gleich
zwei Ameisenköniginnen in meinem Brillenetui gefangen. Ja, lieber Mond, tausend Sprünge machst du in die Wolken, ein wun-
derbares Netz von Lichtgeflüster und kein Stern, so geht es auch.
Keine Politik in unserem Stand und keine Kritik an unserem
Stand, Geschäftsschädigung kann ich nicht im geringsten Ansatz
dulden. Da lachte mein Kind im Bauch, wie ein Häschen hop-
pelte er, als möchte er mehr von dem hören, was wir sprachen.
Aber ich traute mich nicht mehr, da mußte ich ihn schon wieder
frustrieren. Aber, sagte ich mir, wenn er so eine tolle pränatale
Kindheit hat, dann geht er mir ja ein, wenn er erst auf die Welt
kommt – ein Nachtfalter, da sitzt er so geheimnisvoll auf dem
Fensterbrett und macht seine nachtblauen Flügel auf und zu. Erdrück ihn. Ich erdrück ihn nicht, das kannst du dann selber machen. Was hast du gesagt. Du sprichst wieder. Das war sicher nur
ein Versehen, woher sollte er das haben, ein Lebewesen einfach
so zu erdrücken und noch dazu einen Falter, einen Nachtfalter
dazu, der so geheimnisvoll ist, was der wohl weiß? Einen Scheißdreck. Was? Einen Scheißdreck weiß der. Wo ist denn der Revolver, den lege ich vorsorglich auf das Fensterbrett, sonst vergreife
ich mich, wenn du in der Nacht weiterhin so unflätig redest mit
mir. Ich kann jetzt die Tat nicht wiederholen, aber sehe mit dü-
sterem Auge deiner Zukunft entgegen. Wahrscheinlich hast du
das mit dem Filmregisseur verpatzt. Neben der Grete Weiser
hätte ich es schon ausgehalten, und bestimmt nicht den schlech-
teren Eindruck von uns beiden gemacht, hinterlassen, wie man
sagt. Wie war das mit dem Riesenzwerg von Michelangelo, wie
groß wird dazu der Goliath gewesen sein, nicht vorzustellen,
diese Männer in ihrem Wahn. Weil sie von den kleinen, den kleineren getragen werden. Mozart hin und Mozart her, das war
dem Musiklehrer sein Aufundnieder, aber ich mag wetten, daß er
im Traum keine Kloschüssel von einem Klavier unterscheiden

konnte, wozu auch. Mir ist speiübel, wo ist der Eimer, und wo ist der mit dem Frischwasser. Mir ist schlecht, ich möchte sterben, ach, wäre das Sterben doch ein wenig leichter, wenigstens für mich, daß ich mich nicht so feige fühle. Und immer diese Erschöpfung, diese bodenlose Erschöpfung, zum Hinlegen, ich kann mich doch im Käsestand nicht hinlegen, kein Stuhl. Haben Sie daheim keinen Stuhl, heißt es gleich, doch einen, gleich neben dem Bett. Ja, und einen Freund haben Sie nicht, Sie sind doch so hübsch. Was soll ich da sagen zu diesem Fleischsack. Jetzt ist es zu spät, jetzt muß ich da durch, auch wenn ich noch so oft auf dem Weg in die öffentliche Toilette in meine Schürze kotze, die ich dann wegwerfe und ohne sie weiterarbeite. Jetzt kann man ja so was denken, aber wenn die Sonne wieder aufgegangen ist und aus dem Radio die Trostlosigkeit leiert, keine Post wieder nicht da ist und die Männer einen anöden. Du machst mir das Leben schon schwer, und wenn du erst da bist, wird es bestimmt nicht leichter. Wieder so ein armes Geschöpf, das sich durch das Leben fressen muß. Ich weiß, du wirst ein Genie, aber ohne Begabung wäre es vielleicht leichter und länger. Was sind das für Qualitäten, leicht und lang. Sagt neulich die Gisela, ob ich wüßte, daß Genie französisch sei und auf Deutsch Schilehrer heißt, da soll man dann lachen. Schnee, sage ich, ist auch französisch und heißt auf Deutsch Schischüler. Da muß ich mir ja einen Fuß ausreißen, sagte sie, damit ich lachen kann. Es bleibt die Frage, ob wir nicht beide abtreten sollen. Nein, diese Frage bleibt nicht, denn dann bleibt ja gleich gar nichts. Ich kaufe morgen den Rotwein, den Burgunder, den St. Joseph für Papstfilou, weil er den so gern mag. Ich werde ihn schon günstiger kriegen – vielleicht trinke ich auch ein Glas. Wenn, dann kommt er am Samstag. Den Wein mache ich vorher nicht auf. Auch wenn er sagt, den Joseph mußt du vorher aufmachen, daß er seine Mystik entwickelt. Wenn er dann sehr spät kommt und ich ihm die Flasche auf den Kopf schlagen muß, dann schütte ich mir selber den Wein wieder über das Gesicht. Gute Nacht, ich hole mir noch das Revolvertascherl vom Fensterbrett, den Revolver selber laß ich draußen liegen, aber das Tascherl ist weich und schaut mich an wie eine Puppe. Alt werde ich bei den Käseschwestern nicht. Ich werde mich beim Sportverein 1860 München vorstellen. Ich komme schon irgendwie hinein, und wenn sie mich erst kennen, schicken sie mich sicher auf die Sportakademie nach Berlin mit einem Stipendium, so machen wir das. Und dich bringe ich schon unter. Mach jetzt keinen Aufstand, du hältst dich einfach immer ganz ruhig, so wie bei mir die ersten drei Monate. Und wenn der Augenblick da ist, dann zeigst du es ihnen, so wie mir, als mir Hören und Sehen vergangen sind. Alles zu seiner Zeit. Ich drücke dir zwei Sterne auf die Augen und einen Stern auf den Mund, bleib gesund und werde dick und rund, ach, das werde ich vorerst, dick und rund, wie häßlich, und die Flecken im Gesicht und die Glotzaugen dann, glanzlos unterm Kopftuch, du raubst mich aus – Warum sollte ich das nicht wissen, das wissen ja sogar Sie. Was, fragt sie. Sie wollten mich doch gerade fragen, was Mystik ist. Ja, woher wissen Sie das? Es steht Ihnen ins Gesicht geschrieben. Ja, geben Sie mir jetzt den Wein zum halben Preis. Ich schenke ihn Ihnen sogar. Aber Gisela, wenn das die Mama erfährt. Annemarie, das ist jetzt meine Sache. Misch dich nicht immer ein. Schön, wenn das Gespräch morgen so abliefe, vor allem der Erwerb des Weines, das wär fein ...

5

Gar nichts bestimme ich, denn ich träume. Ich träume. Was träumst du denn? Daß ich mit meiner Mutter schlafe. Und ist es schön? Heftig zieht sie ihren Schwanz durch meine Scheide. Dann bist du ja gar nicht mein Sohn, und weiter. Und dann von hinten. Immer wieder schaut sie mir auf das, was man Damm nennt. Du hast da ein T., sagt sie, als wäre da was nicht in Ordnung. Ich habe einen straffen Körper, länglich und olivbraun, schön jedenfalls, und er gehört mir allein. Meinen Busen hätte ich gern gesehen, ich liege ja auf dem Bauch, er ist leer. Die Landschaft ist wieder so, wie sie Schnecken sehen mögen, alles in die Höhe ragend und doch stumpf, überlaufend. Auch Türme sind vom Schneckenwillen tranig, dunkel vom olivgrünen Licht. Die Erde kann nicht rund sein, sonst müßte doch ein Licht rumkommen, sie ist flach, tranig, aufgequollen, aber nicht rund, sonst müßte doch am Horizont ein Licht auftauchen. Mir ist, als macht das meine Mutter mit mir, meine schöne Mutter, und sie ist immer die Schönste, damit ich es endlich hinter mir habe und mein innerster Wunsch erfüllt ist, damit ich merke, das ist halb so wild und doch die letzte Schranke vor der Freiheit. Als wüßte ich wieder einmal gar nichts, sagt sie, am schönsten ist der Stehfick, nachdem sie sich erhoben hat. Stehfick, sage ich, kommt nur in Frage, wenn man sich nicht hinlegen kann, weil tiefer Schneematsch um einen ist. Ein wenig bin ich verlegen, weil ich was ausplaudern muß, was ich ihr nicht zumuten will. Aber du bist der einzige Mensch, der Tee so macht, wie ich ihn am liebsten mag. Woher weißt du, was Tee ist? Sind wir die einzigen Menschen, die denselben Traum haben? Daß es einem da nicht Kopf, nicht Herz zerreißt, deswegen? Aber daß du so gewalttätig bist und doch so gescheit, das hat doch bei uns keiner gedacht, wenigstens nicht mit mir. Ich muß zum Fenster gehen, ich komme gleich wieder, achso, du gehst ja mit. Jetzt würde ich mich ja gern mit dir unterhalten. Hallo, was fällt dir ein, so einen Mist zu träumen. Das würde mir doch nicht im Traum einfallen, so was von meiner Mama zu träumen, und beim Vater vergeht einem das Träumen. Wie eine Spinne verschwindet er mit seinen Früchten in seinem Zimmer, sperrt sich ein und saugt sie aus wie eine Spinne eine Fliege, die Schalen müssen wir wegräumen. Kein Tropfen mehr ist in den Schalen, mir würd's auch grausen, daranzugehen. Es reicht mir, wenn ich das eklige Zeug anlangen muß beim Wegräumen. Später kannst du es dir auch nicht immer aussuchen, sagt Mama. Ich will es mir aber aussuchen, so wie ich mir dich ausgesucht habe, du bringst einen neuen Wind in mein Leben, wahrscheinlich einen katastrophalen, niemand kann aus seiner Haut. Schau, habe ich dir ein so schönes Strampelhöschen gekauft, weiß mit kleinen Blumen, sieht es nicht herzig aus. Da hätte die Annamirl wieder gegiftet, weil es nicht hellblau ist, für einen Buben nimmt man doch hellblau. Annamirl ist eine Vollzugsanstalt des Gewöhnlichen, eine strenge. Und die gelben Lederschuhe, sind die nicht süß? Woher möchtest jetzt wissen, daß es ein Bub wird, ja nach den großen Flecken in deinem Gesicht schon, meinetwegen, was geht's denn mich an. Das geht Sie auch nichts an, sagte ich. Ich ging dann, die Leute fehlen mir, die mich freundlich angesprochen haben, auch die zutiefst kollegiale Gisela fehlt mir, deren Lachen von tief innen kommt, die ließ die Chefin nie raushängen. Und jetzt träume ich von meinem ersten Sohn, der so garstige Dinge träumt, daß mir fast das Herz stillsteht. Luft! Aber, wenn er merkt, daß er nicht in mir träumen darf, was er träumt, dann wird er verrückt, ach, ich geschundene Frau. Träum, was du willst, von hinten von vorne, wirst schon merken, daß das alles nicht so schön ist, nur wenn es sonst nichts gibt. Ich werde dir die schönsten Spielsachen kaufen, damit du abgelenkt bist. Ein Fahrrad bekommst du gleich, nachdem du laufen kannst, mit Stützrädern fürs erste, versteht sich. Und die schönsten Kleidungsstücke, das lohnt sich immer, wenn man das teuerste kauft, mein Prinz. Nur etwas Ekliges sollst du nicht im Kopf haben, sondern was Schönes, das dich erbaut und andere auch, was Lichtes, Strahlendes, das nach oben weist, einen Scheinwerfer des Glücks wünsche ich dir, eine Scheinwerferbatterie wie bei den Olympischen Spielen in Berlin. Du wirst deine eigenen Wege gehen, du wirst nicht meine Wege gehen, die alle abbrechen wie eine Straße am Abgrund, der Abgrund ist jäh, und er füllt sich nicht. Lerne fliegen, ich muß ja alles laufen. Nein, von meinem Bruder wird jetzt nicht gesprochen, der verstorben ist, mit acht, nein, nicht gesprochen. Und wenn du ihn triffst, sag ihm, daß es mir gutgeht. Ihm wird es bestimmt gutgehen, er war ja noch ein Kind. Vielleicht hat er auch einmal so einen bösen Traum gehabt, gesagt hat er mir nichts, vielleicht hat er den allerbösesten Traum gehabt, wäre er denn sonst gestorben, der Arme, der Ärmste. Ich habe gestern wieder zu lange gewartet auf deinen Vater, das macht mir die Seele kaputt, was wird nur aus uns, was wird nur aus dir, weil du so etwas Schreckliches träumen mußt, wie kriegst du das nur los. Und meine Tat, dein Blut komme über mich. Und sollst du das Paradies auf Erden haben, so wird dieser Blutschwamm immer in dir hocken und horchen und horchen. Du wirst mir nie vertrauen können, du wirst dich immer von mir gefickt fühlen, o mein Gott, verzeih mir doch, ich werde doch nicht als Beweis herhalten müssen, daß es dich nicht gibt. Es wird wohl ein Gewitter kommen, weil mir so schwer ist ums Herz, und du gibst auch keine Ruhe, wie solltest du da eine Ruhe haben, wenn deine Mutter die Hölle ist. Und doch, das stehe ich jetzt durch, dir zuliebe, dann schauen wir einmal, was rauskommt. Das möchte ich jetzt schon sehen, was da rauskommt, je dunkler der Anfang, desto heller das Ende, vielleicht ... Ja, zerfetz München, laß die Frauenkirche schmelzen und die Isar kochen. Ich verfluche dich, Scheißmünchen, ich verfluche dich mit deiner Gewöhnlichkeit, alles steht da, wie eben verloren, das Isartor wie hingeschissen, das Sendlinger Tor wie nicht aufgeputzt, und das Kaufinger Tor steht da wie ein Arschloch, das den Durchgang der Menschen nur benutzt, sich an ihnen abzuputzen. Nur das Deutsche Museum würde mir fehlen, weil es immer meine Einsamkeit respektiert hat. In der Wissenschaft ist der Mensch doch besser aufgehoben als sonstwo, scheint es. Feuerstrahl, verschone mir die Museumsinsel und auch die Corneliusbrücke, auf der ich so bitterlich geweint habe wie noch nie, aber sonst, Gewitterblitz, wüte, wie du noch nie gewütet hast. Gut, daß du auf die Menschen keine Rücksicht nehmen kannst, das geistlose Gesindel, das sich vor allem drückt und nur zusammenhält, um ein Fußballstadion zu füllen ... O mein München, das ich ausgewählt habe, weil du leicht bist, leichter als das Umland. Ich kann nicht helfen. Das Wasser im Eimer fülle ich auch nicht mehr mit kaltem nach, dein Papstfilou kommt ja doch nicht mehr. Heute scheint der heißeste 28. Mai seit den Aufzeichnungen. Ich kauf mir ein Pflänzchen, das stell ich ans Fenster und unterhalte mich mit ihm, das wird auch dir guttun. Denn der Lärm der Rinder ist ja untragbar. Aber mir schwant, daß hier das Rindfleisch nicht alleine schreit. Mein Herz ist stark, gebe dich nicht mehr nur deinen Gefühlen hin, du erwartest einen Sohn, und wer weiß, was er vom Wissen will. Da hast ihn so vor den Kopf geschlagen, daß er vielleicht blöde wird, doch nicht Gott anrufen, der ist nicht erreichbar. Ruhig, ruhig und das Geschrei der Viehtreiber. Mama muß ich schreiben, daß ich sie erwarte. Sie kann ja am Wochenende kommen, auf Neuigkeiten ist sie gar nicht scharf, und nach den zwei toten Buben meiner Schwester wird sie sich ängstigen. Wer klopft denn da? Ah, der Herr Schnandl. Ja, die Miete, ich weiß, dieser Monat Mai hat auch eine Mitte gehabt. Ich werde mit meinem Mann reden, der mußte wahrscheinlich eine Schicht dazunehmen. Übrigens bin ich schwanger. Danke, ein Bub wird es werden. Ach, darf ich Ihnen eine Flasche französischen Rotwein anbieten. Ja, die ganze Flasche, mein Mann hat die mir geschenkt, und er trinkt nur Bier. Und Schnaps, ja, auf Wiedersehen! Wieder vierzehn Tage, die zu genießen sind. Und der schöne Abend und das Geschrei, wie in Amerika, möchte schon wieder einmal einen amerikanischen Film sehen, so wie der neulich mit dem Krawall und den liebenswerten Menschen, ich meine das Paar, die anderen waren grausam wie die unseren. Was rumpelst du denn so, das war nicht dein Papstfilou, ich fürchte, der wird eine Seltenheit werden in deinem Leben. Sagt er doch neulich glatt ... Und das allerbeste Bett habe ich, weißt du warum? Weil ich es mit niemand teilen muß, nur wir zwei, und das Geld reicht übers Wochenende, und der Montag bringt bestimmt wieder einen Dienstag. Da mach ich Abendschicht, auf manche Gäste freue ich mich sogar. Jetzt muß ich mir noch was für dich ausdenken, damit du nicht unterfordert bist, wirst ja schon vier Monat. Da wird der Gehörgang frei für das Wort, verdreh aber nicht gleich wieder so dein Auge, daß man nur das Weiße sieht. Dein Vater sagt ja auch, bevor er mit mir ins Theater geht, geht er lieber zum Barras, weil es dort gefährlicher ist, abzuhauen. Denn mögen tut er beide nicht. Also: Werde empfindlich! Und bleibe empfindsam. Und sobald du laufen kannst, gehen wir auf den Fasching. Auf Kostümfesten bin ich immer Erste geworden. Im Regina Palasthotel. Ich wollte nicht gehen. Geh doch, sagte Mama. Geh doch, und ich bin gegangen und habe gewonnen. Wir zwei gehen auch. Aber vielleicht magst du das gar nicht. Magst du schon! Schau, das war 1927, das war schon in Regensburg, meine Augen sind noch voll Etterzhausen, mein Etterzhausen.

6

Ich bin zehn Jahre alt. Wir haben das Jahr 1948. Wieder ein Hungerjahr. Ich habe mir alles Mögliche überlegt, aber verblassen nicht alle Gedanken vor der Tatsache, daß ich ein Mädchen bin? Während ihrer Schwangerschaft ist sie immer davon ausgegangen, daß ich ein Junge bin – schon während der Geburt mußte sie wahrnehmen, daß das nicht stimmt. Das war in der Dreimühlenstraße, das war so eine schwere Geburt, und wenn ich ein Junge geworden wäre, wäre sie wahrscheinlich gestorben. Das wäre für alle traurig gewesen, also für sie selber nicht so, und auch nicht für den Vater. Den schickte nämlich die Hebamme um einen Arzt. Aber der Vater war ein Hallodri und vergaß im nächsten Wirtshaus den Arzt. So mußte die Geburtstagsgesellschaft allein zurechtkommen. Immer wieder setzte meine Oma heißes Wasser auf, aber die Geburt zog sich hin und hin. Meine Mama schrie markerschütternd, und ich tat mein Bestes, ich machte mich stromlinienförmig wie ein Delphin, deswegen mag ich auch Delphine so gern, denn wenn sie springen, schauen sie immer zu mir her. Entschuldigen Sie bitte, daß ich jetzt immer lachen muß, denn die Geschichte, die ich erzähle, stimmt einfach nicht: Ich habe einfach eine Generation übersprungen. Ich dachte mir, wenn ich eine Generation überspringe, dann fällt mir eher was ein. Aber Linkshänderin wie meine Oma bin ich auch. Zu dem Theater hier gibt es schon noch was Wahres zu sagen. Der Sand, auf dem ich hier stehe, war ursprünglich mein Sandkasten, also das ist die Bühne. Der Steinsitz dort könnte auch als Bett fungieren oder als gynäkologischer Stuhl, nur um mich zu ärgern, schreibt mein Vater so ein Wort. Die niedrige Tribüne, auf der Sie stehen, ist überdacht. Wenn es also zu regnen beginnt, sind Sie im Trocknen. Die Schauspieler, sagte einmal mein Vater, haben ja die Freude des Spiels. Dic Schauspielerin vorhin war übrigens meine Mutter. Jetzt werden Sie noch wissen wollen, warum ich schwanger bin in meinem weißen Hemd. Laß dich nicht zu früh mit Jungen ein, sagte oft mein Vater. Wenn sie nichts im Kopf haben, dann meinen die Buben, das mit dem Unterleib gutmachen zu können, doch kein Schwein denkt mit dem Unterleib, oder?! Also, wie Sie gleich sehen werden, ich bin nicht schwanger, das sollte nur eine Mahnung sein, ein abschreckendes Beispiel. So, das ist ein Kissen, sonst nichts, heijapopeia. Ich sollte zwar die Federn nicht ausschütteln, aber ich mach es jetzt doch ... Wenn Sie weg sind, kommen die Vögel und sammeln die Federn für ihre Nester. Wir haben hier so viele Vögel, vom Storch übers Känguruh – Papa, immer schreibst du was, was ich nicht sagen mag. Ich will nicht, daß du ein Depp bist, und ich will auch keiner sein. Ich will nicht, daß ich die Tochter eines Deppen bin. Danke und auf Wiedersehen. Somit ist auch dieses Theater eingeweiht. Am Eingang können Sie seinen Namen sehen. Das kleine Schild.

Ende

Einklang

Personen

MANN
FRAU

1

MANN   Du sitzt neben mir. Ich sitze auch neben mir. Glaube ich.

FRAU   Ich sitze doch nicht neben dir, ich sitze dir gegenüber.

MANN   Was ändert das?

FRAU   Ich weiß doch, daß du kein Gegenüber magst. Also ich setze mich jetzt neben dich. Das ist auch wärmer.

MANN   So. Ist es denn kalt?

FRAU   Dein Gesicht ist warm.

MANN   Jetzt sehe ich dich nicht mehr. Das Wetter ist in der Schwebe. Die Schneeflocken schweben.

FRAU   Schön, wenn sie in der Luft schweben. Als hätten sie kein Ziel. Keine Lust auf die Erde zu fallen. Den Menschen das Leben zu erschweren.

MANN   Genug Schnee.

FRAU   Magst dich nicht für Fußball interessieren?

MANN   Jetzt scheint die Sonne.

FRAU   Der Schnee schmilzt. Bis der ganze Schnee geschmolzen ist, das wird dauern.

MANN   Das kannst du laut sagen.

FRAU   Hab ich doch. Wir sehen das gleiche, verschiedene Dächer mit verschiedenem Schnee. Das werden wir im Sommer nicht sehen. Aber auch kein Grün, weil kein Baum da ist.

MANN   Ja.

FRAU   Und die Wolken ziehen, als wären wir irgendwo. Da, mach du die Steuererklärung. Ich kann das nicht. Ich krieg Kopfweh.

MANN   Ich kann das auch nicht.

FRAU Du kannst das schon, du magst nur nicht. Wir können wegen Steuerhinterziehung bestraft werden. So gewaltige Sätze für so ein kleines Einkommen. Da wird jemand bezahlt, nur um uns einzuschüchtern.

MANN Nicht nur uns. Und bezahlt werden da ganze Heere, Heerscharen, um uns fertig zu machen. Ich übertreibe nicht.

FRAU Nein, du übertreibst nicht. Das kann man nicht übertreiben, denn bei allem, was wir gar nicht wissen, kann man das gar nicht übertreiben. Und wir sollen das bezahlen.

MANN Wer sonst!

FRAU Wir bezahlen das mit unserer Steuererklärung, mit unserem Geld. Die machen uns zu Sklaven.

MANN Ja. Jetzt stell dir vor, du bist schwarz und bist mit so einem Wisch konfrontiert.

FRAU Schrecklich! Und so gut deutsch kann kaum einer, daß er das Deutsch da versteht. Das versteht ja von uns kaum einer. Also ich verstehe es nicht.

MANN Du willst es auch nicht verstehen. Genauso wie ich: Ich verstehe es auch nicht und will es nicht verstehen. Die Wolken steigen, das Licht ist grell, das Licht vom Schnee auf den Dächern tut fast weh. Tut es dir nicht weh?

FRAU Mehr als dir, da ich so lichtempfindlich bin.

MANN Ich dachte, du bist geräuschempfindlich.

FRAU Warum nicht! Was einem alles zu Ohren kommt, da vergeht es dir, an was Schöneres zu glauben. Diese Leichtigkeit, mit 4 Augen was anzusehen, so wie mit dir, fehlt mir bei anderen. Du wirst mir einmal fehlen.

MANN Du wirst mir fehlen, denn Männer sterben eher, und was ich gesoffen habe!

FRAU Das wirst du schon gebraucht haben.

MANN Ja. Aber wenn du dann die Rente hast, brauchst du die Steuererklärung nicht zu machen.

FRAU Das glaubst du. Denen fällt immer wieder etwas ein, unsereins zu malträtieren. Die sinnen und sinnen, einen fertig zu machen. Und es gibt kein Entkommen.

MANN Nein, ein Entkommen gibt es nicht.

FRAU Doch, Fußball.

MANN Das kostet doch auch Geld.

FRAU Ja, aber das ist mit Freude verbunden. Steuererklärungen sind Gehirnwäsche.

MANN Was ist denn das?

FRAU Da wascht dir einer das Hirn, bis nur noch das übrig bleibt, was der braucht.

MANN Wie Fußball!

FRAU Der ist doch rund.

MANN Das ist doch auch nur so ein Trick.

FRAU So? Endlich schneit es wieder richtig.

MANN Ja schön, der Frühling kann mir gestohlen bleiben.

FRAU – – –

MANN Jetzt komm schon.

FRAU Die Fenster habe ich geschlossen. Hast du die Steuererklärung eingeworfen? Mach es lieber in der Stadt.

MANN Solange mag ich nicht mehr dran denken. Ich will einen
leeren Kopf, mit Freude und Vorfreude.

FRAU Bis ich mich freuen kann, muß ich mindestens 60 Kilometer von daheim weg sein. Du kannst dir ja vorstellen, wie
oft ich mich freue.

MANN Irgendwie stinkt es hier nach Scheiße, als ob uns jemand
vor die Haustür geschissen hätte.

FRAU Nein, das glaube ich nicht. Vielleicht hast du was an den
Schuhen.

MANN Oder unter der Nase, im Schnauzer.

FRAU Nein. Laß uns abhauen, damit ich mich deiner erfreuen
kann.

MANN Jetzt drängelst du, und wer wartet schon die ganze Zeit?

FRAU Ich weiß es schon. Trägst du den einen Koffer zum Auto.
Jetzt hat der Strumpf eine Laufmasche, hätte ich doch die
Hose anziehen sollen.

MANN Ja, wenn du bei deiner Arbeit schon immer Hosen an-
hast, möchtest du wenigstens im Urlaub freie Beine haben.

FRAU Im Urlaub! Im Umkreis von 60 Kilometern gibt es keinen Urlaub.

MANN Schau, wie schön der See heute ist.

FRAU Ich zieh mich jetzt doch noch um.

MANN Ja, der See. Wo man einmal verliebt war, wird es immer schön bleiben. Das mag die Natur, daß man geliebt hat, da macht sie mit und ziert sich nicht mit technischen Nebensächlichkeiten. Das war vor 26 Jahren, mit einer Französin aus Paris. Sie war 15, ich 17. Einen schönen Busen hatte sie, einen vollen Mund, ich meine die Lippen, und die Beine wie gedrechselt. So was bleibt. Das ist jetzt in der Erinnerung schöner als mit ihr in der Wirklichkeit, aber laß einmal wieder 26 Jahre vergehen, dann wird das auch anders ausschaun, und ihre Haare sind nicht mehr so rot wie Herbstlaub, sondern wie Goldstaub, und der weiche Flaum auf ihrer Oberlippe wird mich bis in den Magen durchziehen. Da bist du ja, ging schnell. Immer pressiert es so am Starnberger See, obwohl es eine Urlaubsgegend ist.

FRAU Schnell, jetzt laß uns abhauen, bevor mir wieder was einfällt.

MANN Ein Foto noch, bitte, stell dich da unter den Baum, damit ich den Dampfersteg auch noch sehe. So ein schöner Tag. So ein schönes Licht.

FRAU Ist eigentlich aus den Fotos was geworden vom Andechser Weiher?

MANN Du bist wunderschön zwischen den Seerosen – Ah, der Dampfer. Mitten am Vormittag ein fast leerer Dampfer.

FRAU Ja, grüaßte!

MANN Kennst du den?

FRAU Das ist ein Doktor. Als ich mit dem im Bett war, habe ich lachen müssen, weil er sich so angestellt hat.

MANN Immer wenn du einen anderen gehabt hast, ist es mir schlecht gegangen.

FRAU Dann ist es dir aber oft schlecht ergangen.

MANN Sag das nicht!

FRAU So oft war es auch wieder nicht. Aber jetzt ist es vorbei, weil du da bist. Wir bleiben bis zum Ende zusammen, glaub ich.

MANN Ohne dich wäre ich verloren. Nur, wenn mir eine gefällt, dann gefallen mir auch andere. Die Liebe hat so einen Streueffekt, daß sie auch andere trifft. Macht dir das nichts aus?

FRAU Daß es mir nichts ausmacht, das wäre übertrieben, das möchte ich jetzt nicht sagen, aber ich denke mir, du brauchst das bei deinem Beruf.

MANN Es gibt Menschen, die sind von Menschen gestreift. So wie du mit mir jetzt sprichst, bin ich fast ein Mensch, aber ich bin keiner.

FRAU Was denn dann! Ich mag dich so wie du bist, so verlassen, aber jetzt hast du mich. So verweht, ich laß mich mit dir verwehen.

MANN Wohin denn!

FRAU In den See hinein, meinetwegen, daß uns keiner findet. Ich hab das alles manchmal so satt.

MANN Wenn du das zugibst, geht es doch gleich wieder besser. Jetzt fahren wir, steig ein!

FRAU Dein grüner VW-Bus hat mir gefallen, aber der blaue ist auch schön. Weißt du noch, wie wir in Berlin vor einem jeden blauen VW-Bus Angst gehabt haben, weil wir gemeint haben, deine Frau sitzt drinnen?

MANN Schrecklich, daß man immer jemand weh tun muß. Allein der Gedanke an sie macht mich krank, weil es ihr bestimmt schlechter geht als mir. Ich habe ja dich.

FRAU Schau, da oben im zweiten Stock, unterm Dach, links, da könntest du einziehen, dann siehst du auf die andere Seite auch hinaus.

MANN So viel See, da schau ich den ganzen Tag zum Fenster hinaus.

FRAU Da fällt dir schon wieder was ein, vielleicht malst du wieder.

3

MANN Dein Bruder, so ein kräftiger Bursche, hat Kräfte wie
ein Bär – Schade, daß ich es nicht mitgekriegt habe, wie er im
Treppenhaus Zwillinge gezeugt hat, die dann abgetrieben
wurden.

FRAU Alles darfst du nicht glauben. Bei soviel Fantasie, und so
wenig Kunst, sind Zwillinge schnell gezeugt und schnell abgetrieben. Im afrikanischen Busch bei einer Bushaltestelle hat sie
es auch schnell getrieben mit einem – aber wer hätte da Lust?
Ich jedenfalls nicht.

MANN Dein Bruder, wenn er so dasitzt wie eine Gewalt in dieser schwächlichen Gegend –

FRAU Der sitzt sich doch nicht draußen irgendwohin, da könnten ja die anderen über seine Faulheit reden. Der geht höchstens zum Neuwirt, zum Schorsch. Die reden heute noch darüber, wie du ihm zu seinem Siebzigsten einen 500Markschein
in den Hut gesteckt hast.

MANN Das gibt es in dieser Gegend nicht, ich weiß es. Aber
dich gibt es eigentlich auch nicht in dieser Gegend. Aber
darum bin ich zu dir hergezogen, weil es dich in dieser Gegend gibt. Die Gegend ist schön, und die vielen Touristen von
überall her und die unzähligen Tagestouristen von München
und anderswo beweisen es, ja Berühmtheiten kommen von
überall her. Leider sind die meisten sehr eingebildet: Der Hil-
desheimer meint, daß man in seinen Pfeifenkopf kriechen
möchte, und der Habermas stellt seine Hasenscharte zur Ver-

fügung darauf in die Erleuchtung zu flitzen, in Schlittschuhen.

FRAU Wenn du den Kreuzberg nicht mehr heruntergingest, würdest du mir sehr fehlen. Oft, wenn ich im Garten arbeite, schaue ich hinauf, ob du schon kommst. Wenn du nicht mehr kämst, glaube ich, müßte ich sterben.

MANN Das mag ich gar nicht gern, wenn du sagst, du möchtest dich einfach in den Garten legen und die Brennesseln durch dich wachsen lassen. Diese Aussage zwingt mich doch zu gehen.

FRAU Das möchte ich doch nicht wegen dir.

MANN Seit dem Tod deiner Eltern hast du nicht mehr viel Arbeit. Die Wirtschaft hast du verpachtet, die Landwirtschaft hast du aufgegeben, dein Hautausschlag ist zurückgegangen. Und doch möchtest du dich immer noch mehr zurückziehen. Wäre vielleicht doch so ein Holzhaus im Bayerischen Wald für uns ideal gewesen. Ich male ein wenig und mache den Haushalt, und du bist traurig, trauerst deinem Leben nach ohne Kinder. Nein, das machen wir nicht.

FRAU Jetzt ist es zu spät, und allein mit mir hättest du es nicht ausgehalten. Da hätte ich mich dann doch in die Brennesseln legen müssen, um zu sterben. Einfach nichts mehr wissen und in Ruhe verfaulen, sich in keinen Sarg legen müssen, mit der Natur in Berührung ...

MANN Solange ich lebe, stirbst du nicht.

FRAU Sag das nicht, wenn du stirbst, bin ich auch gleich fort, nur in Ambach sterbe ich nicht, da war ein Leben lang mein Sarg schön anzuschaun, aber nicht schön zu arbeiten. Ich hätte viel lieber studiert. Lockvogel bei der Polizei wäre ich gern geworden.

MANN Mich hast du hergelockt, und ich komme nicht weg. Komme nicht mit dir und nicht ohne dich weg. Es müßte alles

ein wenig anders sein: Das Gras ist zu dünn und zu kurz, die
Äcker sind zu steinig, zu viele Schnecken. Zu verhuscht sind
die Menschen, auch in ihrer Grobheit, sie fügen sich alle etwas
Geheimnisvollen, das zu leicht Profit genannt wird nach einer
Jahrhunderte alten Vernachlässigung. Auch das Fehlen eines
Horizontes ist es nicht, der, wie Horváth meint, durch die
Nähe der Alpen die Menschen dumm sein läßt.

FRAU Was ist es dann?

MANN Ich weiß es nicht, spüre es nur an mir selber. Nur die
Seeuferbäume sind normal, sie sind mächtig. Sie sind wie du
die Ausnahme. Wenn wir zwei nicht mehr hier sind, wird keiner mehr die Trostlosigkeit bemerken.

FRAU Ich möchte dich jetzt küssen.

MANN Und wenn das einer deiner Nachbarn bemerkt?

FRAU Dann müssen sie wegschauen.

MANN Und einer unter den Gebildeten?

FRAU Die sollen in ihre Zeitungen schauen oder ihre Bade-
schuhe suchen, wenn ihnen die runden Steine immer noch zu
spitz sind.

MANN Du riechst nach Sommer, nach Frühsommer.

FRAU Obwohl ich verschwitzt bin.

MANN Dein Schweiß riecht nicht, er glänzt nur. Hab ich dir
meinen letzten Traum erzählt?

FRAU Nein.

MANN Ich habe am Parkplatz vom Friedhof von Holzhausen
geparkt und auf dich gewartet.

FRAU Wieso da oben?

MANN Du warst am Grab deiner Eltern. Endlich bist du her-
untergelaufen. Du warst nackt, aber grüne, rote und blaue Sei-
dentücher in Kopftuchgröße umflatterten dich. Ich hielt dich
nur kurz in den Armen, weil du meintest, du müßtest noch
mal in das Gras zurück, das Stück Jade zu holen, das einen

Frosch mit einer Seerose zeigt, mich und dich, das sich meine Frau nicht berühren traute, als ich es im Bad ablegte, die Schnur von deinem monatelangen Tragen fest geschlossen wie gewachst.

4

FRAU Gehst schon wieder?

MANN Du weißt, daß ich nicht so lange vögeln will.

FRAU Dann bleib noch ein wenig da. Den ganzen Tag sehen wir uns dann nur ein paarmal, weil ich immer etwas tun muß, und jetzt auch noch das Büro auf Zimmer 15.

MANN Warum machst du das alles?

FRAU Es gibt ja nichts anderes, weil es nicht anderes gibt. Habe ich dir meinen letzten Traum schon erzählt? Nein. Ich liege im Grab meiner Eltern auf dem Friedhof von Holzhausen, will aus dem Sarg heraus, was mir auch gelingt, und finde neben dem Sarg die Indianerfeder von dir, die man mir bei der Beerdigung nachgeworfen hat. Eine Feder in die Erde, so ein Unsinn, diese Freundin der Lüfte zwischen den Erdklumpen, den lehmigen! Aber jetzt war es gut, denn wir haben uns zusammen nach oben gearbeitet. Da hingen ein paar Tränen schwer in den Gräsern, aber so viele waren es auch wieder nicht. Es waren nämlich die Tränen, die ich dir nachgeweint hatte, als ich gestorben war. Ja, du hast dich nicht verhört. Ich wollte zu dir, ich war felsenfest überzeugt, daß du auf dem Parkplatz unterm Friedhof auf mich wartest. Von den Trauerkränzen nahm ich die Spruchschleifen, die sich unter der Hand in bunte Tücher verwandelten, groß wie Bettücher, darein ich mich hüllte, und so wollte ich stolz wie eine Negerin zu dir auf den Parkplatz kommen. Am besten hat mir in Südafrika der aufrechte Gang der Negerinnen gefallen, ich konnte mich an den stolzen Frauen nicht satt sehen, da war keine so ein lästiges, belastetes Nervenbündel wie bei uns. Die Männer sahen ja eher nach Scheiße aus. Ich war mit meiner Freundin dort, hab ich dir das nicht erzählt?

MANN   Doch, doch.

FRAU   Einmal am Meer kam so ein Sturm auf, daß wir dachten, es sei alles zu spät. Das war das einzige Mal, da ich im Ausland war, außer in Frankreich, woher mein Französisch kommt. Wenn ich dich nicht hätte, käme ich nirgends mehr hin.

MANN   Aber hört jetzt Ambach überhaupt noch auf? Früher hat es nach 60 Kilometer aufgehört. Jetzt zieht es immer mit uns herum. Als ich dich in dem Waldstück von Buchendorf geküßt habe, da wußte ich, daß etwas passieren wird, vor der Gärtnerei links. Und am nächsten Tag hatte deine Mutter einen Schlaganfall. Bei dem Kuß war mir so klar, daß ich dich nicht lieben kann, ein ganzes Gebirge spürte ich zwischen mir und dir. Zuhause kniete ich vor meinem Bett und weinte in die braune Ziegenhaardecke so haltlos, daß meine Jüngste kam, ich hörte indische Musik, eine Platte, die mir Hartmut Geerken geschenkt hatte. Wer weint, findet nur im Elend der ganzen Welt Halt. Wahrscheinlich habe ich meine Tochter beleidigt, das tut mir leid.

FRAU   Sie ist ja auch die einzige, die dich in Ambach besucht.

MANN   Und wie ging dein Traum weiter?

FRAU   Du standest so traurig vor deinem VW-Bus, als ginge die Schiebetür nicht mehr auf. Dann sahst du dir die Löcher im Auspuff an. Und ich habe geschrien: G e l i e b t e r   G e l i e b t e r. Aber du hast mich nicht gehört, eigensinnig, wie du nun einmal bist, oder hast du mich wirklich nicht gehört?

MANN   Was soll ich zu d e i n e m Traum sagen?! Weiter!

FRAU   Ich stand neben dir, der Wind wühlte in meinen Tüchern, und ich war so scharf auf dich, auf deine warme Haut,

die braunen Locken, deine ganze Art, die mir immer nur ge-
schmeichelt hat, auch deine Verschwiegenheit genoß ich und
dann die Sätze, die von irgendwoher kamen und sich verwur-
stelten wie meine Tücher, bunt und kühl. Du hattest dein
Schnupftabakglas in der Hand und hast es gerieben. Dann hast
du den Stopsel rausgezogen und reingesteckt, und ein jedesmal hast du die Haftung genossen. Ging es wieder? Ging es
nicht? Es ging wieder, so gut, so kompakt hast du den Stopsel
gemacht, den als Griff eine kleiner Baumpilz krönte. Der war
doch vom Falkenstein im Bayerischen Wald, aus der Urwald-
region – Jedenfalls hattest du mit dem Holzkleber Ponal und
brauner Farbe, eine braune Warze auf der Lamellenseite ge-
heftet. Und an dieser Warze riebst du und riebst. Ich wurde
ganz wepsig. So wie du es auch im Wirtshaus in Erling gemacht
hast, daß ich kaum noch sitzen konnte und dich bat, damit
aufzuhören.

MANN Das war doch der Witz: Ich hatte die Warze nachgebil-
det, die du unter der linken Achselhöhle hattest, die ich so
gerne berührt habe. Manchmal bist du schon unruhig geworden, wenn ich die Schnupftabakstopselwarze nur angeschaut
habe, und bei längerer Betrachtung mußtest du sagen: Hör
jetzt auf!

FRAU Ja, so klein und so herzlich wie du, wenn mehr wären,
dann gäbe es nicht diesen Liebesmangel. Ich schlich in den
VW-Bus, wie wir immer in den VW-Bus schlichen, als wir
noch im VW-Bus übernachteten, in Erling oder Farchant oder
sonst wo in Mühltal, wo man es im Schatten der Menschen-
angst aushielt und keine Zeit für Tiere hatte, oder für Gäste
haben mußte. Was meinst du, wie mir noch heute die 19 Betten zum Hals heraushingen, die ich als Mädchen machen
mußte, schon in frühen Jahren, nur für eine Krankenversiche-
rung, damit ich meinen Eltern im Krankheitsfall nicht zu teuer

kam. Der Bruder brauchte für sein Studium das Geld. Der konnte leicht singen: Ich gehe nicht mehr in die Kirche / Ich geh nicht in die Kirche / Ich gehe lieber zum Wichsen hinterm Bahngleis, obwohl wir hier keine Bahn haben, nur Bäume und Gestrüpp.

MANN Ich weiß auch so einen Baum im Wald oben, der mich immer an dich erinnert, ein Ahorn.

FRAU Jedenfalls brachte ich dich in meinem Traum nicht in den VW-Bus. Da tat es mir leid, daß ich mich immer so geschämt habe, mit dir vielleicht von einem Bekannten oder gar Verwandten ertappt zu werden. Deine Teilnahmslosigkeit kam mir jetzt wie eine Strafe vor. Vor meinen Eltern, Tanten hätte ich mich jetzt nicht geschämt, dich zu lieben, auch nicht vor dem Großvater, der noch im Schubkarren die Frische als Bay. Königlicher Hoflieferant nach München geschoben hat. 20 gekochte Eier hat er gegessen. Auch vor Gottvater hätte ich mich nicht geschämt, der alle Eier ißt, wenn er vom Westgiebel unseres Hauses heruntergeschwebt wäre, um mich zu tadeln oder zu loben, weil ich dich liebe.

MANN Und ich habe dich nicht wahrgenommen? Man möchte immer in Liebe eingebunden sein. Auch dein Bruder hält sich zuweilen für den ganzen Starnberger See, weil er so verloren ist. Wer sich nichts vormachen kann, ist arm dran.

FRAU Und ohne Arm wäre er noch ärmer.

5

MANN Ich fürchte nichts als die Grenzen meiner Liebe. Das ist mein Lieblingssatz, von Schiller. Und mein eigener Satz: Wenn die Liebe nicht so groß ist wie ein Elefant, nehme ich sie gar nicht an. Wie du mich in eines eurer Hotelzimmer gebeten hast, da habe ich mich in dich verliebt, als du zur Tür hinausgingst.

FRAU Ich weiß gar nicht mehr, wann es bei mir war. Während einer der Filme! »Der Komantsche« war es. So ein Vertrauen hatte ich vorher nicht genossen. Ich mach einfach, habe ich mir gedacht, was er sagt.

MANN Schon in »Servus Bayern« habe ich dich ein wenig frech dargestellt. Du Freche, sagte ja deine Tante zu dir. Freche! Für mich bist du die Mutige. Du bist ja auch meine beste Schauspielerin, zumindest die beste im deutschsprachigen Raum.

FRAU Ach, wenn es nur schon wieder Frühjahr wäre. Haben wir gleich Mitte März, und es tut sich nichts, immer noch Eis auf dem See.

MANN 5 Monate haben wir jetzt nicht mehr miteinander geschlafen. Aber ist es nicht so, als hingen wir eh immer beieinander?

FRAU Nein, nein! Für das Echte gibt es keinen Ersatz. Ich nehme jetzt ein heißes Bad, kommst du mit? Komm doch schon!

MANN Ich muß wieder malen, heute nach 16 Jahren juckt es mich wieder. Ich komme mir immer noch wie eine Ausnahme in diesem Massenmörderland vor.

FRAU Komm mit in die Wonne. Da hatten wir einmal einen Gast, der rief aus dem Bad zu seiner Frau: Komm mit in die Wonne. Ich höre ihn noch. Wonne statt Wanne.

MANN Ja ja. Schau, da habe ich gestern nacht noch mein Schnupftabakglas auf die Wochenendbeilage der Süddeutschen Zeitung gezeichnet, mit dem Kugelschreiber nachgefahren. Das werde ich jetzt ausmalen, aber so, daß man Der Mörder als Biedermann Die Aufzeichnungen des frühen Schutzhaftführers von Stutthof noch lesen kann.

FRAU Was steht da: Nur weil man Angst hat vor der Macht, muß man sich nicht einbilden, daß man ein kluger Mensch ist.

MANN Es ist anstrengend genug, seinen Schatten durch die Finsternis zu ziehen, da darf einem nicht auch noch jemand behilflich sein.

FRAU Läßt du mich jetzt glatt allein ins Bad gehen? Das wird dir noch einmal leid tun!

MANN Tut mir jetzt schon leid. Ich bin kein Badewannenmensch. Das warme Wasser erschöpft einen und dann die Seife im Geschlecht, immer wurde ich nach dem Bad krank. Es ist mir blöd genug, auf dem Wannenrand zu sitzen, mich einzuseifen und dann auf dem Wannenboden zu stehen und mich zu duschen. In meine eigene Wohnung kommt mir mal keine Wanne, nur eine Dusche.

FRAU Ach sei nicht so. Wir könnten uns hier ein Haus bauen.

MANN Da könnte dein Bruder wieder plappern. Wie hat er sich doch das Maul zerrissen, als ich das kleine Blumenbeet angelegt habe. Ich bin bei meiner Oma aufgewachsen, und so mag ich das. War doch niemand im Weg, der in die Länge gezogene Quadratmeter. Die Zwillingserfinderin hat ihn dann schon wieder beruhigt. Mit der Aussage, daß Stalin wenigstens ein großer Bürokrat war, ist sie unsterblich geworden. Nur weil ihre Mutter Sekretärin war. Das Haar deines Schamdreiecks verläuft sich zum Nabel herauf wie bei einem Mann, das haben wir dann im »Gespenst« mit Hanf verstärkt, wunderbar, wie du die drei Riesenfrösche aus dem Geschlecht ziehst, dreimal Plupp. Und dann hingen sie am Kreuz hinter Farchach, wo wir im Winter so oft übernachtet haben. Unvergeßlich, kein Schneesturm wird das überdecken, auch kein Grasbusch oder Baumbestand. War man ins rote Moorwasser eingetaucht, sah man gleich nichts mehr von sich.

FRAU Woher waren die Frösche gleich wieder?

MANN Aus einem Labor der Uni, wo man an ihren Nerven Versuche machte. Das ist Tierquälerei, aber mich machte man fertig, weil ich die Viecher mit einer weichen Schnur an Steckenkreuzchen gebunden hatte, das haben wir als Kinder gemacht, und die Erwachsenen machten Leichenberge aus Juden. Ich habe die Frösche auch zu einem Berg gehäuft und hinter der Weidenstaude den flotten Kirchgängern einzeln vor die Füße geworfen, daß sie aufschrien. Ich war auch so grausam: Einen gekreuzigten Frosch ließ ich in der Sonne trocknen. Seine Haut wurde fest wie Chitin. Man sah aber noch, wie er mit seinen Knöchelchen gegen den Panzer pochte. Ich kannte kein Mitleid. Meine Lieblingsvorstellung war mit Dschingis Khan durch Asien zu reiten und alles niederzumachen, was sich in den Weg stellt. Es stellt sich alles in den Weg.

FRAU Sag so was nicht. Das mag ich nicht hören. Da kenne ich dich nicht, du sollst mir vertraut bleiben.

MANN Wenn du dich am Schluß dreimal kalt duschst, dann komme ich.

FRAU Wegen der Krampfadern dusche ich mir nur die Beine kalt.

MANN Wenn du nicht kalt duschst, verschenkst du Jahre deines Lebens.

FRAU   Dann habe ich wenigstens auch etwas zu verschenken!

MANN   Du schenkst mir immer deinen Anblick. Als ich dich beim Altwirt in Holzhausen erblickte, konnte ich meine Augen nicht mehr von dir abwenden. Die Frau war dabei und die 4 Kinder. Wir waren zu eurer Wirtschaft gefahren, aber die war zu, weil du beim Fasching in Holzhausen warst. Der See grübelte und grub vor sich hin, als hätte er noch etwas auf Lager, und ich habe tatsächlich einige Filme mit ihm gemacht, auch mit den Massenmörderland-Urnen. Als ich dich sah, war mir so wohl. Du hattest dein Kostüm gerade abgelegt, ein grüner Kachelofen warst du mit einem Blechrohr. In ihrer unverfrorenen Art sagte die Wirtin zu dir: Ich glaube, du bist auch mehr Kachel als Ofen, haha.

6

MANN   Vielen Dank, daß du mich aufgenommen hast.

FRAU   Ich muß mich bedanken.

MANN   Bei der Stadt München habe ich mich auch nicht bedankt, daß sie mir die Föhnforscher-Bilder abgekauft haben.

FRAU   Die sollen sich bedanken! Was machst du mit dem Geld? Sicher steckst du es wieder in einen Film.

MANN   Ich habe ein schlechtes Gewissen, weil meine Filme so bedeutungslos sind, in denen du mitspielst. Könnte ich nur bessere Filme machen, dann kämst du auch mehr raus.

FRAU   Das will ich doch gar nicht, mir reicht es, und mit Ambach bin ich über und über beschäftigt. Schau, all die Wiesen da hat die Gemeinde in den Bebauungsplan getan. Denen habe ich aber einen Marsch geblasen. Ich will nicht, daß bebaut wird, und solange ich da bin, wird auch nichts bebaut, und für nachher fällt mir auch noch was ein. Wo willst du denn hinschaun, wenn du zum Kreuzberg nicht mehr hinaufschaun kannst? Den Kirchbaum und die Kiefer, die du mir da oben gepflanzt hast, reichen. Das wäre doch eigentlich schön, wenn man immer einen Baum gepflanzt hätte, bevor man pinkelt. Jetzt rede ich schon so einen Schmarren wie du. Aber du redest keinen Schmarren.

MANN   Doch doch. Ich rinne und vertreibe mir die Zeit. Da könnte man ja nicht mehr ins Wirtshaus gehen, wenn man in jeder Pinkelpause einen Baum pflanzen müßte.

FRAU   Magst 2 Himbeeren?

MANN Iß sie selber.

FRAU Jetzt nimm sie schon! Und wenn wir teilen, hat keiner was. War das eigentlich schön mit der Japanerin? Entschuldige.

MANN Schön war es schon, aber du mußt entschuldigen. Man kann ja nichts grundlos machen. Meine Schwäche für Japan ist mir fast angeboren. Als meine Mutter vom Barren stürzte, sich einen Schiefer einzog, seiner nicht achtete, das Bein von der Zehenspitze bis zur Leiste in Eiter überging, sagten die Münchner Ärzte nur: Tut uns leid, wir müssen das Bein abnehmen. Meine Mutter ließ sich nach Berlin überführen, in die Charité, glaube ich. Ein japanischer Arzt beruhigte sie und operierte sie mit 8 langen Schnitten, der größte wie von einer Degenklinge. Und sie genas. Konnte wieder ihren Beruf ausüben, Sportlehrerin sein. Wenn sie gestorben wäre, wäre ich auch gestorben, einfach zugrunde gegangen. Sie hat mich mit ihrer Aufmerksamkeit über alle Krankheiten gebracht. Das meine ich mit Japan.

FRAU Und die Polin?

MANN Da gibt es keine Polin.

FRAU Und die Griechin?

MANN Die Griechin ist eine wunderbare Frau, aber weil ich keine Fremdsprache erlernen kann, ist sie langweilig. Lern du deutsch, sagte ich, aber sie lernte nicht.

FRAU Um dich zu kriegen, hätte ich eine jede Sprache gelernt, eine jede außer die japanische oder griechische. In ein jedes Wort hätte ich eine Faser von dir gesteckt. Und wenn du da gegangen wärest, wäre mir ein Sprachleib nur aus dir geblieben. Und bei deinem Tod hätte ich in dieser Sprache gebetet. Aber ich sterbe vor dir. Ich spüre es.

MANN Warum?

FRAU Weil ich es spüre. Vorher aber fahren wir noch einmal in den Bayrischen Wald. Weißt du noch, als wir beim ersten Mal vor Landau den Käse vom Viktualienmarkt auspackten? Da saß ein Wurm und machte so, wie der Chaplin in seinem Stummfilm »Der Zirkus«, als er in den Apfel beißen soll und sich ihm ein Wurm entgegenkrümmt. Gehen wir auch zu dem Tierpräparator? Wer weiß, ob es den noch gibt. Alte Häuser haben wir uns angeschaut, obwohl wir beide kein Geld hatten. Und in Zwiesel sind wir so spät aufgestanden, daß wir zum Frühstück das gerade fertige Blaukraut mit Kartoffeln und Rindfleisch gegessen haben. Das war gut.

MANN   Und du hast es so fein gegessen. Mach bitte noch einmal das hämische Lächeln der feinen Wiener Damen.

FRAU   Ich sterbe vor dir. Das habe ich im Urin.

MANN   Hast du mir nicht verboten, diesen Urin-Ausdruck zu gebrauchen, und jetzt verwendest du ihn selber. Ist das Magie, wenn du dein eigenes Verbot übertrittst?

FRAU   Ich weiß es nicht. Mir ist kalt.

MANN   Mir ist auch kalt. Wie schön die Föhre angewachsen ist. Den Kirschbaum sehe ich nicht.

FRAU   Den hat mein Bruder ausgerissen.

MANN   Wie das?

FRAU   Weil du angeblich nicht viel von ihm hältst.

MANN   Was soll man von einem Schauspieler schon halten. Die sind laut und präzise. Oder schlampig und leise. Wie du willst. Nie lassen sie einen in Ruhe. Du hast ja selber gesagt, wenn wir eine seiner Aufführungen besucht hatten und ich meinte, der war gut, gell, und du meintest nur: Der könnte besser sein. Das kann man bei dir nicht sagen. Bei dir vergißt man den ganzen Humbug, der zur Schauspielerei verzapft wird. Auf der alten Hackerbrücke, als du in der Kälte mit Armin Müller-Stahl in einer Einstellung zusammengepfercht warst, hast du mir leid getan. Wenn über Seeshaupt der Himmel so –

FRAU   In »Rita Rita« bist du weit gegangen. Allein als ich mit
   Männerstimme das Gedicht von Rilke aufsagen mußte, den
   Auszug des verlorenen Sohnes! Wenn über Seeshaupt der Him-
   mel so gelb ist, das verheißt nichts Gutes!

7

MANN Kann das sein, daß du im Arschloch die gleichen Nerven drinnen hast wie im Geschlecht, da es dir wurst ist, wo ich mein Ding reinstecke?

FRAU Was sagst du, mein Liebling?

MANN Das Wort Liebling habe ich von dir noch nie gehört.

FRAU Ja, Geliebter ist besser.

MANN Der Mensch stirbt, wenn er umgebracht wird.

FRAU Was?

MANN Der Mensch – der Mensch. Das kann ich nicht sagen. Nur schreiben. Hast du keinen Stift? Danke. Was meinst du, was ich an Lieblosigkeit schon alles erlebt habe, vor allem von mir selber. Aber mit mir komme ich ja aus, aber es gibt zu viele Menschen, die nur zufrieden sind, wenn sie ausgenutzt werden. Ja, sie stehen herum und flüstern in einem fort: Nutz mich aus, gebrauche mich, es wird nicht dein Schaden sein. Ich denke es mir oft, wie die Bauern hier zu Agrararschlöchern der Regierung gemacht werden: kein Getreide mehr, nur Grünland, nach einem Jahrzehnt meinen sie, Felder dazwischen sei für das Klima doch besser, das Klima. Ihr arbeitet als für das Klima, auch du und folglich auch ich. Ich male für das Klima mit Wasserfarben, damit das Wasser gebunden wird und nicht in der Atmosphäre herumirrt.

FRAU Ach mein Pinsel, schon so wach?

MANN Wenn ich in der Frühe nicht die Zeitung lesen kann, dann weiß ich, daß der Schreibteufel da ist. Um nochmals zu

den Bauern zu kommen. Um ihrer Lebenslage ein Bild zu geben, müßten sie alle nebeneinander an den Straßenrändern
stehen und in der Nase bohren. Sie könnten in der Freizeit die
Schilfflecken vergrößern, die ihr immer noch in morastigen
Ecken stehen habt, auch weiter oben. Eine Naturlandschaft ist
eine Naturlandschaft ist eine Naturlandschaft und kein Agrar-
gebiet. Aber weil sie nie selbständig gedacht haben, sondern
nur nachgeplappert mit unterschiedlichen Sprachintentionen,
können sie sich nichts vorstellen. Die Vergangenheit war Natur, und die Zukunft wird Natur sein, sonst nichts.

FRAU   Danke für den Vortrag. Soll ich deine Wäsche nicht doch
mitwaschen?

MANN   Und als nächstes kaufst du mir Pantoffeln, und ich
ziehe sie an, aber schön, daß wir keine Probleme haben. Nur
die Affen haben Probleme, weil ihr Denkvermögen auf irgend-
einem Entwicklungsstand stehen geblieben ist und über die
Bäume nicht hinauskommt, so wie der Kirchenmann über die
Kirche nie hinauskommt. Das wird ganz einfach nicht genehm-
migt, das wäre Kompetenzüberschreitung. Wenn nicht alle
Nikoläuse verkauft werden, gießt man sie in Osterhasen um.
Als wir eine Genehmigung von der Gemeinde brauchten, für
»Die Föhnforscher« war das, sagte der Bürgermeister: Nicht,
daß dabei was rauskommt wie beim Achternbusch »Das
Gespenst«. Den Künstlern aus der DDR kriechen sie ins
Arschloch, und uns schlagen sie auf den Mund, wollen ihn zumindest zuhalten, diese zusammenhockende und zusammen-
stinkende Sippschaft. Wie war es bei dem Film »Wohin«? Wir
bekamen keine Drehgenehmigung von der Bayerischen Schiff-
fahrtsgesellschaft auf dem Starnberger See, also heuerten wir
via Goethe-Institut einen Dampfer auf dem Ammersee an,
tarnten uns als Ausflügler und gedreht wurde. Als ich unverse-
hens in das Wasser sprang, weil das das Drehbuch vorsah,

meinte der Kapitän, als sie mich herausgefischt hatten, hättet ihr doch was gesagt, daß der ins Wasser springt, dann wären wir langsamer gefahren. Eine Drehgenehmigung verlangte keiner. Da liegt er so unschuldig da, der See, und ist nichts als zugeschlossen. Und als Krönung des ganzen Schlamassels schreit mich dein Bruder mit der Axt in der Hand an: Hau doch ab, du blöde Sau!

FRAU Moment, ich bin auch noch da!

MANN Paß auf, entgegnete ich, daß du dich nicht in den Fuß schneidest, das blutet. Aber hatte ich das nicht schon 1975 in meinem Film »Die Atlantikschwimmer« vorweggenommen? Ich kannte meine Bayern, die keine Nazis mehr sein wollten, aber brutal. Doch ist der ganze Film eine Erwartungshaltung für deine geliebte Person, in ahnungsvollen Durchsichtigkeiten schwebst du schon heran, noch unsichtbar, aber anwesend. Du riechst manchmal so fremd. Fehlt dir was?

FRAU Ich war erst in der Vorsorgeuntersuchung. Im Bauch stimmt vielleicht was nicht, aber das sind nur Unpäßlichkeiten. Unkraut vergeht nicht.

MANN Gib mir deine Hand. Soviel Arbeit und soviel Krankheit und kein Ende.

FRAU Das Ende kommt schon, das Ende kommt von selber. Muß sich ja nicht ein jeder erschießen wie deine Mutter.

MANN Und ich?

FRAU Du kommst schon zurecht, du findest immer wieder etwas, was dir nicht paßt.

MANN Du paßt mir. Nur Ambach paßt mir nicht.

FRAU Eben.

MANN Alles möchte von selbst entstehen, nur der Mensch verhindert das. Einmal schreit er Gott und dann Globalisierung, entschuldige, eigentlich wollte ich nur, daß du heute für mich kochst.

FRAU Was? Und die anderen sollen nicht mitessen?

MANN Nein, wenn der Haufen beieinanderhockt, beiß ich mir ein jedes Mal in die Zunge, und das süßliche Blut verdirbt mir den Geschmack der Speisen und dann das Gegacker von der Freundin deines Bruders, das befürchten läßt, daß gleich ihr Eierstock auf den Tisch klatscht.

FRAU Am schönsten ist es im Sommer, wenn alle weg sind, wenn wir in die Esche schauen, vorm Fenster sitzen und in die Esche schauen, das ist es. Das haben wir noch nie gemacht. Da kann es noch so heiß sein im August, dann heizt du ein, was das Zeug hält, öffnest die Fenster und lautlos schüttet der Schwarzweißfernseher seine Bilder ins Zimmer, und du malst. Um malen zu können, scheinst du ein starkes Nebenbei haben zu müssen, bin ich auch nur so ein Nebenbei? Manchmal bin ich eifersüchtig auf deine Malerei, darf ich das?

8

MANN Ein jedesmal wenn ich Plastiktüten aus dem Wald ge-
füllt mit Unrat trage, habe ich Angst, daß ich angeklagt werde,
den Wald zu schädigen. Ich streune ja nicht im Wald herum,
um was zu finden, ich fühle mich nur für die Wegränder ver-
antwortlich, die mein Blick streift. Und ein wenig ein Selbstwertgefühl brauche ich auch, wenn schon keiner meine Bücher
liest und meine Filme übersehen werden. Ich mag nicht mit
lauter Musik auf mich aufmerksam machen.

FRAU Deswegen mag ich dich ja, auch deswegen.

MANN Ich komme mir als jemand vor, der den Leuten was
nimmt, aber ich gebe doch nur.

FRAU Was sie nicht haben wollen.

MANN Was heißt das? Ich kann doch nur aus der Nichtigkeit
meines Herzens handeln und mit dem Verstand ein wenig hin-
und herschieben.

FRAU Die Leute fühlen sich verarscht.

MANN Und wenn schon –

FRAU Sie wollen aber angenommen werden.

MANN Ich kann mich doch nicht für dümmer erklären als ich
bin.

FRAU Du und dumm!

MANN Angst macht dumm, ich habe immer nur Angst gehabt.
Du warst neulich so erstaunt, als ich mich beim Vögeln ab-
stützte. Du zittertest ja, hast du gesagt, weil mein linker Arm so
gezittert hat. Ansonsten konnte ich das ja immer verheimlichen.

FRAU   Du Armer, uns stört doch niemand. Du wirst doch nicht
auch schon in Rotterdam gezittert haben, als wir uns zum ersten Mal hingaben.

MANN   Warum nicht. Ich wollte gar nicht mehr fahren, weil
schon wieder solche Kälteviren in mir herumirrten und einen
Tatort suchten. Da rief ich dich an, und du sagtest mir, daß
deine Mutter gesagt hat: Mädchen, fahr nur. Für sie war die
Liebe stärker als jede Konvention. Da hatte sie uns erkannt,
vorbei die Zeit, als sie mich aus dem Gastzimmer weisen
wollte: Und jetzt gehen Sie heim zu Frau und Kinder. Ich
bleibe, sagte ich, und alles, was ich noch trinke, zahle ich nicht.
War doch so, weil mich der Depp so beleidigt hatte, da mußte
ich in sein Ohrfeigengesicht hineinschlagen. Tat mir wegen dir
leid, wie du mit deiner langen hängenden Strickjacke auf dem
Stuhl hingst, den Wassereimer und Schrubber neben dir. Du
schliefst ein, und wir gingen nicht.

FRAU   Ich weiß schon noch, darum mag ich auch nicht mehr in
der Wirtschaft arbeiten und habe sie verpachtet. Und du hast
mich gekriegt. Und jetzt hast du mich.

MANN   Ich mag gar nicht mehr durch den Biergarten gehen,
geh hinten raus, so sehr habe ich mein Selbstwertgefühl verloren. Ich kann mich doch nicht selber essen. Es gelingt mir auch
nichts mehr außer dem bißchen Malen. Ja, als ich noch in der
Familie steckte, da sehnte ich mich nach Freiheit durch ge-
stellten Untergang, du das ferne Ziel! Und jetzt sehe ich nur,
wie du dich abrackerst. Wenn du einen Kanalarbeiter bestellst,
machst du die Arbeit, und er schaut zu mit den Fäusten in den
Hüften.

FRAU   Ich kann einfach nicht zusehen.

MANN   Anschaffen lernst du wohl nie.

FRAU   Mir wurde immer angeschafft. Und wenn mich mein
Bruder nicht verprügelt hat, war es ein Glück. Ich bin dir ge-

stern in den Wald nachgegangen. Es war mir auf einmal wichtig zu sehen, wo du gegangen bist, welche Buchen du gesehen hast. Ich habe sogar den winzigen Tümpel gefunden, wo die Seerosen blühen, die du gefilmt hast. Deine Filme gleichen Feldrainen, auf denen selten gewordene Blumen gedeihen, deren Anblick die Seele erfreut.

MANN Das wagte ich nie zu sagen, zu denken, zu spüren, weil es mir wurst ist, wurst sein muß.

FRAU Diese perfekten Filmschinken amerikanischer Prägung langweilen mich fast alle. Werbeperfektion, glatt und sauber. Öde und langweilig wie die überdüngten Wiesen, auf denen nichts anderes wachsen kann als Löwenzahn und Spitzgras.

MANN Wieso bist du mir nachgegangen, traust du mir nicht?

FRAU Auf einmal überfiel mich so ein grausames Verlustgefühl, schlich herum in mir und ließ mich nicht in Ruhe, ich mußte etwas tun, wollte dich im Wald finden, aber fand dich nicht.

MANN Ich war etwas abseits gegangen und irrte durch das Gehölz und legte mich unter einer Buche nieder, die in vielen Stämmen aus der Erde wächst mit tiefhängenden Ästen und einem Gefühl der Geborgenheit. Nächster Tag Drehbeginn: voller Vorwürfe, warum ich schon wieder drehe, ohne Geld. Du hilfst mir ja, aber es muß dich doch belasten, daß ich von dir die ganze Anerkennung fordere, unbewußt zwar, die mein Geltungsbedürfnis von mehreren Menschen verlangt.

FRAU Das kommt schon.

MANN Ich bin ohne Zukunft. Kann den eingeschlagenen Weg nicht verlassen. Wenn ich nach München ziehe, wird alles nur noch schlimmer.

FRAU Ich gehe mit.

MANN So sehr dich Ambach ausbeutet, so gibt es dir auch Halt.

FRAU   Ich hasse die Reste meiner Familie, also meinen Bruder,
ich hasse sogar zeitweise die Kinder wegen ihres männlich ag-
gressiven Rivalitätsgetues. Aber am meisten hasse ich mich
und mein weibliches Geschlecht, das mir zeitlebens nur Nie-
derlagen eingebracht hat.

9

MANN Du meinst also, meine Mutter habe mich in den Bayerischen Wald gesteckt, daß sie wieder Chancen hat bei den Männern?

FRAU Das möchte doch eine jede. Ich gehe oft durch München und sehe mir die Männergesichter an, aber immer wächst über das fremde Gesicht deines, auch so schützt du mich vor den anderen. Ich schau auch auf ihren Schritt und ärgere mich sogleich über meinen Treuebruch. Hörst du mir zu?

MANN Als erstes werde ich zum Kustermann gehen und mir einen Wecker kaufen, meinen ersten Wecker mit 43 Jahren.

FRAU Bin ich dir lästig?

MANN Dein Bruder sagt, du bist nicht mehr ganz dicht.

FRAU Der sagt auch, daß er dich umbringen wird, wenn du nicht gehst.

MANN Das hat mir seine Freundin auch schon gesagt. Ich muß dich leider allein lassen mit deinen grünen Wiesen.

FRAU Bauen wir uns ein buntes Haus aus Holz – hier. Mach mir einen Plan.

MANN Ich mache keinen Plan mehr, wo ist denn der letzte?

FRAU Das war noch kein Plan, nur eine Skizze, ein U-Hafen für die Sonne gegen Süden. Meine Seele, verlaß mich nicht –

MANN Ich muß mich entschuldigen, ich habe dir nicht die Aufmerksamkeit gegeben, die du verdienst, ich war nur aggressiv.

FRAU Das hat gedauert, bis ich erkannt habe, daß dein Zorn deine Sprachlosigkeit war. Hätten wir doch aneinander gelernt zu sprechen, dann säßen wir jetzt nicht so verlassen da. Ich muß noch aufs Grab nach Holzhausen gehen.

MANN Nie frägst du mich, ob ich mitgehe. Ja, ich mag Friedhöfe nicht, Krankenhäuser nicht usw. dieser so fideltuenden Menschenzucht. Aber ohne deinen Schutz werde ich verloren gehen. Nicht zertreten werde ich, nur verloren gehen, meine Urangst.

FRAU Ich bin ja da, wenn du nicht gehst.

MANN Und dein Bruder?

FRAU Du hast doch einen Revolver, damit kannst du ihn in Schach halten.

MANN Soll ich immer mit der Pistole rumlaufen? Und wenn er mir im Wald auflauert und ich komme nicht mehr zum Ziehen, bevor er mich erschlägt.

FRAU Der wird doch nicht den besten Künstler erschlagen, den er kennengelernt hat. Und übrigens gehe ich mit nach München. Hab mir schon oft überlegt, was ich mitnehme, welche Töpfe. Kein Mensch kann ohne Seele leben. Wenn ich hier bleibe, werde ich sterben, sang und klanglos ins Grab meiner Eltern und Tanten sinken.

MANN Ich muß aber gehen, ich spüre es auch.

FRAU Ich spüre es auch und kämpfe mit meiner Eitelkeit, dich an einen anderen Menschen zu verlieren.

MANN Gott sei Dank, daß wir kein Kind haben. Ich sehe, wie du an Ambach leidest und gelitten hast. Anfangs wollte ich nicht, und dann ging es nicht mehr. Als wir in Tervüren bei Brüssel für »Neger und Erwin« drehten, verließen wir frühzeitig das saufende Team. Du wünschtest so sehr, daß ich mich in dich ergieße: Bleib! Bleib! Was wolltest du mit dem Suffkind?

FRAU Ja, ja, ist auch besser so, auch noch ein uneheliches Kind, das hätte meine Eltern umgebracht.

MANN Und leben sie noch, obwohl du kein Kind hast?

FRAU Wäre schon schön, jetzt mit dem Knirps auf den Friedhof zu gehen. Du gehst ja doch nicht mit.

MANN Nein. Ich fahre morgen nach Südtirol zu den 3 Schwestern. Bist du gar nicht eifersüchtig?

FRAU Nein, ich liebe dich ja. Auch wenn ich hier so angewachsen bin und die Erde mit meinen Tränen tränke, so erlaube ich mir doch, frei im Gefühl zu sein, denn von meinem Geliebten kann niemand etwas wegschneiden, er ist kein Brot, keine Butter, keine Wurst. Du mußt einfach weiter dein Leid anhäufen. Ich begleite dich mit einem Lächeln und werde dir nie untreu. Einmal reicht. Wer sollte denn deine Stelle einnehmen, wer denn! Ein Nichts ist mir lieber als ein anderer, der deinen Platz einnimmt, herumtrampelt und mich gar nicht sieht. Du hast mich angeschaut, und damit mich andere auch sehen, hast du mich sogar gefilmt. Ich danke dir. Wir fahren dann schon einmal zusammen nach Südtirol, dann schau ich mir die Schwestern auch an. Sind sie vergnügt? Und nicht sagen, mit welcher du was hast.

MANN Ich werde versuchen, deine Milde zu übernehmen.

FRAU Und meine Liebe.

MANN Deine Liebe auch.

FRAU Und meinen Tod, denn ohne Seele stirbt der Leib. Die Ohne Seele werde ich sein. Die Ohne Seele soll auf meinem Grabstein stehen, sonst nichts, kein Kreuz und kein Amen.

MANN Das ist doch eklig. Wir haben doch gar keine Angst mehr vor den Toten, daß man sie so tief in die Erde vergraben sollte und einen schweren Stein darauf setzen, daß sie ja nicht mehr kommen können, keine Sau kommt zurück und kein Mensch. Ich laß meine Asche auf dem Moränenhügel bei Andechs streuen, auf dem du als Bussard mit mir als Schlange in den Krallen wegfliegst, unter Tangomusik. Im »Gespenst«.

FRAU Das will ich auch. Und saufen sollen sie, daß sie drei Tage nicht mehr aus den Augen sehen.

10

MANN   Christus ist eine antike Zerfallserscheinung.

FRAU   Gleich! Ich schreibe dir gerade eine Karte. Vielleicht hast
du es ja schon gelesen, falls nicht, habe ich dir dein Super-
Horoskop beigelegt. Ich versuche mich in heiterer Gelassen-
heit zu üben. Aber es ist schwer. Also: üben, üben, üben!

MANN   Das ist ja ganz ohne deine Trauer Power! Weißt du
noch, als wir in Wien waren und meine Frau im Hotel anrief?
Wir waren im Bett und wurden mit der Arbeit einfach nicht
fertig. Sie blieb am Telefon.

FRAU   Die Karte, die ich dir vor 15 Tagen geschrieben habe,
hast du die bekommen?

MANN   Ja, du schreibst von einer braunen Schale, meinst du
meine Teetasse? Ich fahre gerade nach Wien, rate mal mit
wem. Mit einer Chinesin, und zwar mit der, die in »Ab nach
Tibet« deine Partnerin ist. Alle Erdenlast ist von mir abgefal-
len. Die Pappeln an der Schnellstraße von Krems nach Wien
tun nicht mehr weh. Es ist Ordnung in den Dingen drinnen,
Tulln hin Tulln her. Dein Bildchen WINKENDE CHINE-
SINNEN UND ANDERE irritiert mich. 6 schwarze und eine
weiße Chinesin winken auf rosarotem Hintergrund, eine geht
nichtwinkend in einer grauen Wolke weg, bist das du? Ein Foto
von Wörshing hast du übermalt, nie werde ich erfahren, was
drauf ist. Jetzt macht gerade die Chinesin das Mansardenfen-
ster auf. Gern wäre ich außerhalb des Hotels und sähe sie mit
ihrem hüftlangen Haar, das ihren nackten Leib strähnig um-

spielt. Sie ist noch weißer als du. Und der Duft! Du waschst dich zu oft, und es bleibt nur der Duft der Seife.

FRAU Auch wenn es Dir noch so gut geht, laß mich bitte auch zu Wort kommen, laß es Dir gut gehen und genieße die Fülle des Glücks. Alles Gute und Schöne. Laß das Unglück im alten Jahr zurück und nimm ins Neue Jahr nur das Glück mit. Seid herzlich gegrüßt.

MANN Wenn wir ein Vertrauen aufgebaut hätten, hätte ich dir sagen können, wie ich in die Scheiße getreten bin, mit dem Gesicht hineingeklatscht und liegen geblieben.

FRAU Wie zwei verstockte Kinder haben wir nebeneinander gehaust. Das eine, seinen Schmerz nicht zeigen könnend aus der Angst heraus nie genügend geliebt und verstanden zu werden, das andere, ich, aus Mangel an Selbstvertrauen und eigener Identität sich nicht zutrauend, helfen zu können. So sind wir aneinander vorbeigegangen. Und haben uns doch berührt! Mag die Nabelschnur auch gelb abgeschnitten sein, ich werde mir die Liebe zu Dir nie aus dem Herzen reißen. Vielleicht hilft es Deinem Herzen zu wissen, daß es mit seinem Schmerz manchmal nicht allein ist. Hier ist auch ein Herz, das sich oft Trost sucht in der Phantasie, in Träumen, in Hoffnungen. Grüße das Deine von meinem.

MANN Ich sollte jetzt hinausgehen. Da sitze ich unter Deinen Briefen, die Du vor langer Zeit und schon immer an mich geschrieben hast. Du hättest Schriftstellerin werden können, denn Deine Mutlosigkeit wankt immer wieder zum Mut hin und stärkt ihn, so ist beiden geholfen: Die eine verkommt nicht, und der andere hebt nicht ab.

FRAU Ach, das soll es gewesen sein, was Dich zu mir hingezogen hat, die Projektionsfläche, die das naive Landkind Dir geboten hat, ohne einen Schimmer von Ahnung davon zu haben, daß unbeschriebene Blätter einen, der schreibt, reizen dazu seine Prägung einzuritzen? Sind Sehnsucht und Verlorenheit eines Künstlers so groß, daß sie ihn dazu ermächtigen, Schöpfer, also Gott, an einer Frau zu spielen und sie nach seinen Sehnsüchten und Bedürfnissen zu schaffen, notfalls umzuformen, wenn das vorhandene »Material«, die Frau also, sich nicht als das erweist, was nützlich und tauglich dazu wäre, die Sehnsucht zu stillen, die ja in Wirklichkeit nicht gestillt werden soll und darf, und den Schöpfer von seiner Verlorenheit erlösen?

MANN Jetzt führe dich nicht so auf. Ich habe dir verschiedene Rollen geschrieben, und jetzt willst du dich auf einmal nicht mehr spielen bei mir und beschimpfst mich. Zum 1. Mal!

FRAU Meine Seele, laß mich nicht fallen. Halt mich auf, und wir spielen zusammen »Alles auf einmal«, deine Definition von Liebe. Unsere Komödie. Ich wäre von Herzen gern dabei. Aber es ist Deine Entscheidung. Vergiß es nicht. Ich vergesse schon einiges, aber du mit deinem Elefantenhirn kannst nicht vergessen. Ich bin um jede Fan-Post froh, die ich Dir nachschicken kann mit ein paar Zeilen von mir. Solltest du alles vergessen, dann hättest Du auch mich vergessen, meinst Du. Das sollst Du nicht. Solltest Du wirklich nicht.

MANN Du bist den ganzen Tag um mich, schiebst mir deine Briefe her und nimmst sie wieder weg.

FRAU Das kleine Päckchen hat sich hierher verirrt, vielleicht hat auch ein guter Geist es sich verirren lassen. Wie auch immer, ich schicke es Dir und freu mich darüber, daß ich was dazuschreiben kann. Es war schön, mit Dir zu drehen, Deine Nähe spüren zu können, und ich danke Dir noch mal dafür, daß Du mich dabei sein hast lassen.

MANN – – –

FRAU Von dem, was ich im Schneider zu Dir gesagt habe, nehme ich nichts zurück, aber Du sollst wissen, daß ich das Gefühl hatte, mit jedem Vorwurf, den ich Dir gemacht habe, mir selber jedesmal ein Messer ins Herz zu stoßen. Und als Du am übernächsten Tag nach der kühlen, pflichtgemäßen Begrüßung, später mit dem abschätzenden, strafenden Blick, doch anfingst mit mir zu sprechen, war es für mich wie eine Erlösung, als wäre der ganze Himalaya mir vom Herzen gefallen, nicht nur ein Stein von Tibet.

MANN Das ganze Team hat nach deinem Auftritt geklatscht. Und die Chinesin meinte, daß ich dich mit den Augen gegessen hätte, als du in der weinroten Unterhose dastandst. Nach ihrem Part habe ich allein geklatscht.

FRAU Sei ganz herzlich gegrüßt von der alten Schildkröte, die oft an Dich denkt und Dich immer noch sehr lieb hat.

11

FRAU Warum dann das Liebeswerben? Nur wegen meiner Schrift? Für die ich als Kind in den Zeugnissen Jahr für Jahr kritisiert und gemaßregelt worden bin? Ist es meine brüchige Selbstsicherheit, die Dir in tiefster Seele eher vertraut, Dir näher ist als die Weltläufigkeit und Souveränität, mit der andere im Leben stehen? Natürlich habe ich mir einen Panzer anlegen müssen, wie Du auch, um die Mißachtung zu überleben, mit der die Erwachsenen in der Kindheit meinem Wesen begegnet sind. Verformung fängt früh an, und weibliche Kinder waren ja noch in einer ganz speziellen Weise zu verformen.

MANN Sehr früh dachte ich bereits, daß ich als Mädchen nicht überlebt hätte, meine Mutter hätte mich mit zusätzlicher Verachtung bestraft.

FRAU Ich les gerade eine Biographie der Anna Seghers. Die Biographie beschreibt, wie »selbstverständlich es« schon Anfang des 19. Jahrhunderts für die Tochter aus großbürgerlichem Hause gewesen ist, daß sie studieren durfte, daß sie mit Hausmädchen aufgewachsen ist und von klein auf daran gewöhnt war, Menschen um sich zu haben, die für sie notwendige Dienstleistungen verrichteten, von der Kinderpflege über Küchenhilfe und Schreibarbeiten bis zum Chauffieren. Ebenfalls selbstverständlich war ihre gute Kleidung!!! Erholungsaufenthalte und Reisen, die ihr schon als Kind andere Welten eröffneten. Das Fundament für Souveränität, Weltläufigkeit und Offenheit wurde hier gelegt. Das dachte ich voller Neid und

Wehmut, das ist, was Du an mir gerne gehabt hättest. Und dann habe ich meine Schulzeugnisse von der 1. Kl. Volksschule bis zum Mittleren Reife-Abschluß, hab die fast durchweg guten Noten gesehen, die Beurteilungen gelesen, die mir Begabung, Aufmerksamkeit, Fleiß, Zielstrebigkeit, Gewandtheit im sprachlichen Ausdruck, lebhafte Beteiligung am Unterricht, selbständiges Arbeiten, schnelle Auffassungsgabe, Strebsamkeit bescheinigen, und war richtiggehend verblüfft, daß ich so gewesen sein soll. Und dann kam der Schmerz. Und mir ist klargeworden, daß alles das, was da war, einfach abgewürgt worden ist, weil ich ein Mädchen war, es nicht wert war, daß in mich Geld und Zeit für Ausbildung investiert worden wären, weil ja eine Frau geheiratet und vom Mann versorgt wird. Und dann hab ich lang einfach nur geweint und mich dem Schmerz hingegeben. Einen schönen Gruß vom gelben Himmel über Seeshaupt, der sich heute gar nicht von der Stelle bewegen will. Einen lustigen Brief wollte ich Dir schreiben, aber statt Lust kommt nur Frust. Mit mir selber unzufrieden, bin ich es auch mit anderen: Im Bad oder Schlafzimmer stolpere ich über die längst gepackten Schachteln, die Deine Bilder, Bücher, Platten, Kleidungsstücke und anderes mehr beinhalten, und krieg den Arsch nicht hoch, sie Dir endlich zu bringen, weil Deine Drohung, daß das meiste doch nur im Container irgendeiner Münchner Baustelle landen wird, mein dämliches Erhaltungsbedürfnis wachgerufen hat, damit nicht alles, was nicht mehr inspirierend genug ist durch den Lauf der Zeit, dem männlichen Befreiungs- und Vernichtungswahn anheimfällt. Und da ich mich heute wie eines dieser uninteressant gewordenen, abgelegten, lästig überflüssigen Besitztümer fühle, bin ich voller Zorn und Wut. Heute hasse ich Dich mitsamt Deiner jungen Liebe. Und diesen ganzen Haß schicke ich heute in diesem Brief Dir, so wie Du mir Deinen in den Büchern geschickt hast, weil auch ich nur da hassen kann, wo ich am meisten liebe, und weil du mir fehlst.

MANN Ich bin Dir für alles dankbar, für jeden Vorwurf sogar, der meine Liebschaften betrifft, von der mir jede was gab, was nicht eine zusammen haben kann. Aber das ist Quatsch. Ich bin schon längst ausgequetscht und mühe mich jetzt mit der Malerei, so vergeblich wie mir scheint, daß ich nicht aufgeben kann. Du hast mir Oberneustift ermöglicht, und durch den Filmverkauf an die ARD konnte ich Dir die 200000 zurückgeben mitsamt den Notarkosten. Es macht sich immer gut, in einem Text Zahlen vorscheinen zu lassen, aber das ist nicht unser Gefühl, das allein wert ist, über die Erde getragen zu werden. Oder im Zimmer zu sitzen und langsam einzugehen, aufzustehen vom Stuhl, hinzufallen auf den Bretterboden und mit der ausgehauchten Liebe zu verschwinden.

FRAU Es ist gut, daß Deine Sachen wieder bei Dir sind. Dank auch, daß Du Deinen Sohn geschickt hast, das hat es mir leichter gemacht.

12

FRAU Erinnerst Du Dich, daß Du mich einmal danach gefragt hast, warum ich Dich mag? Ich hab Dir geantwortet, weil Du mich beschützt. Zu wissen, daß Du da bist, hat mein Leben, mein Sein für mich sicher gemacht.

MANN Das schreibst Du mir im Jahr 2000 zum Jahresende. Da war die Chinesin schon wieder verheiratet, und einen Bub hatte sie, und ich meinte, das passiert nur, um mich von meiner Tochter zu isolieren. Ich darf mir nicht einreden, daß ich das Leid suche, wo ich nur kann.

FRAU Dann hab ich Dich weggeschickt aus Angst, wieder aus Angst, die Buben könnten verloren gehen ohne meine Fürsorge und nicht zuletzt auch aus Angst davor, wenn Du mich fallen lassen würdest, ohne jeden Halt zu sein und selber verloren zu gehen, in Deinem Schatten ohne den Halt, den das von Dir oft verfluchte Ambach mir bei aller Last doch gibt. Deine Liebe gehört der Kunst, das habe ich wohl bemerkt, und ich werfe Dir das ganz gewiß nicht vor. Aber ich wußte, daß ich ein Gegengewicht brauche, um nicht als Opfer auf dem Altar der Kunst zu enden. Und doch fehlt mir seitdem diese Sicherheit, die da war, als Du und ich für mich nur noch w i r gewesen sind.

MANN Und ich meinte, ich muß jetzt gehen, daß ich nicht der alte Mann werde, dem man nur noch seinen Freßnapf hinschiebt, dem man lieblos ein Existenzminimum gewährt. Eine gewisse Lebensaufwallung hat es noch gegeben, als mir Dein

Bruder 3 Rippen einschlug. Rippen sind gebrochen, sagtest Du, als Du mich an ihm vorbeischobst, der wieder einmal am Telefon im Gang lümmelte. Der mit seinen schwachen Rippen, sagte er nur. Dann saß er wieder mit der Mutter der Kinder am Eßtisch im Gang vorne und übersah mit seinen sozialistischen Hirngespinsten, daß Du, die alle Arbeit hatte, völlig entrechtet schweigsam bei mir erstarrtest. Und von wem bist Du nun das Opfer geworden? Von mir, sagt man in der Münchner Szene. Von Ambach, sage ich, vom Bruder, der nur gescheit reden, aber nicht denken kann. Als wir uns wieder ertragen konnten, gestand er mir, an »Hick's Last Stand« habe er erfahren, wie stark Kunst sein kann, mich leckst am Arsch! Und Du meintest, wenn Du mit nach Amerika gekommen wärst, wäre unsere Trennung zu verhindern gewesen, und ich sagte nur in meiner unverblümten Art: Dann hätte ich ja den Film nicht machen können. 10 000 Meilen mußte ich reisen, um keine Ruhe zu finden. Auch der Untergang der Indianer hat in mir wieder gewühlt, der auch immer mein Untergang war, so daß ich das Jahr darauf in die Mongolei zog, mit den Mongolen, einem angeblich zurückgewanderten Indianerstamm, zu drehen. Und ich kann mir sagen, daß ihre Feldzüge gegen das klägliche Europa eine vorgezogene Rache der Indianer sind. Und ist Tschingischan nicht nur ein Arm des siegreichen Apollon, der Sokrates zugeflüstert hat, nicht aufzugeben außer zum richtigen Zeitpunkt. Und dann kam dieser Jesus und behauptete, seine Schmach sei der größte Sieg, und seine Anhänger schlugen aufeinander ein. Zu meiner Schulzeit stilisierte ich die christliche Weltmacht zu armen Sklaven, die in der Arena verbrannt und den Raubtieren vorgeworfen wurden, und wir hatten Mitleid mit dem Papst und all seinem Gesindel, wir armen Schlucker in den kurzen wenigen Lederhosen, die es nach dem verlorenen Krieg noch gab. Nicht nur

den Mädchen ging es schlecht. Mit wem sollten wir uns identi-
fizieren, noch dazu ich uneheliches Äffchen, außer mit den In-
dianern, Mongolen, als Dschingis Chan, denn Kolumbus war
ein Schlechter ...

FRAU Das kenne ich schon alles, damit hast Du mir bis tief in
die Nacht den Kopf vollgeredet, grantig und furios, das war
kein Spaß. Aber des Spaßes wegen habe ich dich ja nicht geliebt. Du hast geheiratet, hast eine Tochter gezeugt. Als ich
erfahren hab, daß sie geboren wurde, hab ich, ganz allein für
mich hinten im Garten, wo du mich, damals, nach dem Fest,
betrunken auf der Treppe schlafend aufgeklaubt hast, ein kleines Empfangsritual gehalten mit Blumen und Kerzen. Habe
sie willkommen geheißen auf dieser Erde und ihr Glück gewünscht für ihr Leben, Deiner kleinen Indianerin. Weißt Du,
wie weh es getan hat, daß die »Nachfolgerin« zum einen eine
ganze Generation jünger war als ich (Schlag eins: ich bin einfach zu alt gewesen für Dich), zum zweiten Du sie geheiratet
hast (mich hast Du erst gefragt, als das Ende schon gedroht
hat) und drittens noch, sie ein Kind von Dir erwartet hat. Ich
weiß schon, daß vor allem ich es war, die das zu verhindern
suchte bei uns. Und der Zufall hat wieder nicht mitgespielt.
Jetzt kann ich Dir ja auch sagen, daß ich (wieder) Angst hatte,
meinen Eltern auch noch ein uneheliches Kind zuzumuten,
denn für die war unsere Beziehung ja schon die denkbar größte
Zumutung. Und daß Du das Muttertier in mir nicht ertragen
hättest, hab ich schon einmal gesagt. Ich glaub, Du wärst vor
Eifersucht rasend geworden, wenn ich meine ganze Gewalt da
reingelegt hätte, in die Wiege. (Ein Glück für das nie gezeugte
Wesen, daß es nicht soweit gekommen ist). Du Hundling, Du
schaffst es immer wieder, daß ich weich werde und sage oder
schreibe, was ich eigentlich für mich behalten will.

MANN Als Deine Eltern tot waren, haben wir es doch versucht, ein Kind zu machen, was nicht mehr ging, vielleicht wegen der Krankheit, an der Du dann gestorben bist. Es war einfach noch ein Kind in der Luft, das ich herunterholen mußte. Ich wollte nie ein Kind, aber sie haben immer an mir gezupft, daß sie auf die Welt wollten, so sind es 6 geworden und bestimmt nicht zu meinem Vergnügen. Eine Frau ohne Kind ist ja nicht auszuhalten.

13

FRAU Mensch, zwanzig Jahre ist das jetzt schon her, daß wir »Servus Bayern« gedreht haben, und noch immer hält dieses Land uns fest, Dich ja nicht weniger als mich, nur eben auf andere Weise.

MANN Ja, Dich als reiche Bäuerin, die nichts verlieren will, und mich als armen Hund, der nichts gewinnen kann.

FRAU Das, was wir tun, ist doch letztlich das, was wir wirklich wollen, sonst würden wir doch das andere, scheinbar bessere tun.

MANN Bist Du noch ganz dicht?!

FRAU Dicht bin ich schon, aber der Dichter bist Du!

MANN Entschuldigung. Das kann ich jetzt leichter sagen, denn Du kannst Dir nicht vorstellen, wie oft ich mich bei Deiner Nachfolgerin entschuldigt habe, und es hat immer geholfen. Als sie aber in meiner Abwesenheit immer junge Freunde zu Besuch hatte, die vielleicht gar nicht schwul waren und mir das Geld auszugehen drohte, bin ich lieber oftmals gestorben. Jetzt sehe ich ein, daß ich nicht um sie getrauert habe, sondern um Dich, immer nur um Dich, aber Du konntest kein Kind kriegen, und das Kind zupfte mich an den Haaren, bis fast keine mehr da waren.

FRAU Und manchmal, Herbert, hoffe ich sogar, wenn wir beide abgewrackt und desillusioniert genug sind, doch noch einmal zueinander finden könnten.

MANN Ja, Annamirl, das habe ich aber schon der Südtirolerin versprochen, daß wir zusammenzittern werden und hoffen, daß uns selbst im höchsten Alter kein Stein erschlägt von dem Felsen über ihrem Haus.

FRAU Wir waren wie verheiratet miteinander, haben nur eine wilde Ehe geführt, aber Du bist für mich mein Mann gewesen, bist es immer noch, wirst es, so wie ich es empfinde, auch bleiben. Ich kann mir nicht vorstellen, wie ein gemeinsames Leben aussehen könnte, weiß auch nicht, aber ich weiß, daß ich von Dir nicht loskomme.

MANN Ja, ich kenn den Gedanken, mit dem Indianermädchen zu Dir zu kommen, und kämpfte bei der Scheidung um das gemeinsame Sorgerecht.

FRAU Und das Verrückte ist, ich sitze im selben Zimmer jetzt (meiner Küche), in dem ich Dir vor 20 Jahren die ersten Liebesbriefe geschrieben habe, und tu es unverkennbar heute noch, 7 Jahre nach unserer Trennung und 5 Jahre vor meinem Tod –

MANN Entschuldige!

FRAU Und irgendwie bin ich froh, daß ich es Dir endlich sagen kann, daß der Widerstand gebrochen ist, und gleichzeitig wehrt sich etwas in mir, weil ich mich, was immer das ist, nicht aufgeben will. Vielleicht ist d a s die Liebe, die sich schützt davor, mit dem anderen ganz zu verschmelzen.

MANN Oder vielleicht ist es nur, weil ich Richard Wagner nicht mag, sondern Jerry Lewis, der heute seinen 80. Geburtstag hat, an meinem Namenstag, der immer den Beginn des Frühlings für mich markierte.

FRAU Dank für das Bild aus der Grabkammer, das Du Dir von mir gemacht, ich habs nicht auf dem Kopf getragen, sonst hätte ich die kleine Kröte zerdrückt. Und sicher ist es kein Zufall, daß die Mitte fehlt. Nur, wer hat sie verloren? Du oder ich? Von Dir weiß ich es nicht. Von mir kann ich sagen, daß ich sie selten genug spüre, und ich meine nicht den körperlichen Teil. Wann bin ich in meiner Mitte bei mir, ganz bei mir? Als ich noch bei Dir war, war ich zu sehr bei D i r, hab m i c h verloren aus Angst, D i c h zu verlieren. Als Du nicht mehr bei mir warst, hab ich gehofft, mich wiederzufinden, um Dir wieder nahe sein zu können. Ich habs noch nicht geschafft. Aber die Sehnsucht glimmt doch zaghaft unter der Asche wie letzte Reste von Glut. Und das im 8. Jahr seit unserem Abschied.

MANN Und das im 8. Jahr seit unserem Abschied.

FRAU Ich danke Dir herzlich für das Bild, für die Frau aus der Grabkammer. Oft stehe ich davor, schau sie an und habe das Gefühl, sie schaut durch mich hindurch, streng, abwesend, nein, streng nicht, Trauer, ja, eine uralte Traurigkeit, die nicht die ihre ist, eine, die sie ihr schon in die Wiege gelegt haben, die schaut aus ihren Blauen Augen heraus und verschleiert den Blick. Das ist meine pessimistische Sicht. Die optimistische wäre, sie konzentrierte sich, die kleine Kröte auf ihrem Scheitel nicht zu verlieren.

MANN Daß der Bruder seine Söhne auffordert, auf dich zu schießen, dich zu töten, kannst du nicht sehen.

FRAU Ich mag sie, Deine Grabkammerfrau, und wenn ich mich einsam fühle, geh ich zu ihr, sind wir gemeinsam einsam mit unserer Traurigkeit.

MANN Immer wieder muß ich Dir ein Bild, das ich in der Grabkammer abgelöst habe, zukommen lassen, als könnte man Liebe nicht verkaufen, Su habe ich ganz billig verscherbelt.

FRAU Es stürmt, das gebrochene Eis klingt wie Meeresbrandung zu mir herauf, nur manchmal noch hört man dazwischen ein feines Klingeln wie böhmische Glasglöckchen. Was macht Oberneustift?

14

FRAU Man hat mir Fotos von Oberneustift gezeigt, und ich ge-
stehe, daß der Neid in mir aufgestiegen ist, weil ich eben »nur«
die Fotos anschauen konnte, nicht mehr die realen Bilder. Tut
immer noch ein bißchen weh, daß ich da nicht mehr dazuge-
höre. Manche Abschiede dauern lang, wenn was zu tief ins
Herz gebrannt ist, gewachsen ist.

MANN Es ging nichts mehr mit der Mutter des Indianermäd-
chens, wie Du sie gerne nennst. Der Grund ihres Wegzugs
war, daß ich ihr kein eigenes Auto kaufen wollte, nimm doch
meins. Da war sie so in Harnisch, daß sie im Leihauto abhauen
wollte, aber korrekt und ängstlich wie sie ist, wollte sie aus
meinem Auto den Kindersitz. Ich hatte aber wohlweislich den
Wagen abgesperrt. Ohne das Mädchen hätte ich das Leben
nicht mehr ausgehalten, meinte ich, meine ich. Wir gingen an
den Teich, und ich fischte mit dem Holzrechen Gras aus dem
Wasser, das nach einem Jahr im Teich gewachsen und ausgegangen war. Heute ist ein schöner Tag, sagte ich wiederholt.
Sie auf meinem Rücken schwammen wir zu den Seerosen, sie
hielt sich an meinem Hals fest. Ich sagte, daß es der Sinn des
Lebens ist, daß die Seerosen blühen, und sie sagte so nah an
meinem Ohr: Aber das Leben ist auch der Sinn des Lebens. Es
war so ein Abstieg, von dem großen herrlichen Starnberger
See nach hier, in die ärmliche Gegend, wo ich sogar einen
Verleger gefunden habe, der mich mit faulen Äpfeln bezahlt.
4 Stück für 20 Bücher. Österreichische Schriftsteller gingen

nach Deutschland und machten sich einen Namen, ich ging nach Österreich und ging unter. Bevor die Mutter nach München fuhr, kam sie noch in Weitra bei seiner Frau vorbei, und sie haben ihre Hysterien zusammengeschüttet. Wie sehr habe ich mir gewünscht, daß Du auftauchst und vom Nachbarn herunterfährst in Deinem Peugeot.

FRAU Hier ist wieder Post für Dich angekommen. Deine fleißigen Fans sorgen dafür, daß unsere Korrespondenz aufrechterhalten wird, mir gefällt das.

MANN Schönen Dank und ich mach auch weiter, weil Du gerade zur Tür hereingeschaut hast. Ich denke nicht gern an Oberneustift, die gräßliche Kälte und die schnöde Einsamkeit. Wenn ich auch ein Theater gebaut habe, so lasse ich es doch ruhen, nur um das mir verhaßte Theater zu bestrafen. Nach der Scheidung tut es ja deiner Nachfolgerin so leid, daß sie nicht Anteile von Oberneustift bekommen hat, das wollte der Richter aber nicht mehr hören. Als sie meinte, daß sie nicht verstehen könne, daß das Mädchen so an mir hängt, meinte er, das würde sie schon noch lernen. Und trotzdem hat sie so eine Leere hinterlassen, und Du bist nicht gekommen, weil Dir noch alles weh tat. Ich weiß doch noch, wo im Haus wir im Stehen gevögelt haben, und nun bist Du tot, und ich spüre Deine Nähe.

FRAU Man hat mir die Hymne auf Dich aus epd Film geschickt. Ach Herbert, da werd ich ganz wehmütig und bin, zugegeben auch stolz darauf, Deine Lieblingsschauspielerin genannt zu werden. Dein Vertrauen in meine schauspielerischen Fähigkeiten allein war es, was mir den Mut gegeben, meine Selbstzweifel beiseite zu schieben, und ich danke Dir dafür.

MANN Deiner Nachfolgerin hätte ich auch ganz vertraut, aber da war ich nicht mehr so treffsicher, das große Los scheint man nur einmal ziehen zu können, und wenn man das nicht glauben kann, geht das ganze Geld drauf wie in der Lotterie. Sie war ja auch in der Retro im Stadtmuseum, von der Du schreibst, aber sie schlich so bedeppert heraus, die graue Maus, daß sie mir leid tat, und ich bereute, überhaupt Filme gemacht zu haben, wir wohnten ja gleich neben dem Filmmuseum. Nur gut, daß ich nicht verwöhnt bin, indem mir jemand Mut macht.

FRAU Doch doch! Viel Erfolg in jeder Hinsicht und Liebe noch mehr von allem anderen.

MANN Danke!

FRAU Grüß mir Oberneustift. Ich sehne mich manchmal nach der Stelle dort, Du weißt es.

MANN Die Stellen, die weh tun, überlese ich immer wieder –

FRAU Gabi sagte neulich, Du hättest Dich nach der Kiefer am Kreuzberg erkundigt. Sie ist kräftig und gut gewachsen, genau so wie die Kirsche. Und wenn auch der Weg sie trennt, stehen sie doch nah beieinander. Bei uns mein ich, ist es grad so. Jeder geht seinen Weg, und doch ist im Innersten unzerstörbar eine Nähe geblieben, die manchmal aufbricht, unverhofft, im Traum, im Wachsein. Sie verliert sich wieder im Alltag, aber ich weiß, daß sie nicht verloren geht. Und wenn ich an den beiden Bäumen vorbeigehe, grüße auch ich Dich über die Zeit hinweg.

MANN Jaja, hab in Oberneustift auch eine Kiefer gepflanzt, die mächtig wächst und Annamirl heißt, ich soll Dich grüßen.

FRAU Wann das Buch erscheint, werde ich schon erfahren und geh und geh beim Lesen wieder ein Stück Wegs mit Dir. Hoffentlich stolpere ich nicht, wie so oft schon, über meine Eitelkeit. Zu Deiner geplanten Scheidung kann ich nicht viel sagen. Ich fühle am meisten mit Eurem Töchterchen. Und ich wünsche der Kleinen, daß sie fest im Sattel über die Prärie ihres Lebens galoppiert, heiter und gelassen den Unbillen des Seins trotzend.

15

FRAU Seit ich bemerkt hab, daß ich verzeihen kann, wenn ich
mir selber verzeihe, ist mir wohler ums Herz, als wäre ein
Fluch endlich von mir genommen.

MANN Wie recht Du hast, und ich werde nie mehr stumm in
mich Annamirl Hosentürl hineinsagen. Was hat es mich gequält, daß meine Erziehungsweiber gerne zu meinem Vater
Afternduft statt Achternbusch sagten, aber nie meine Oma, sie
war erhaben.

FRAU Die Mutter hat mich manchmal, wenn ich als Kind beleidigt und schmollend ins Bett ging, um Verzeihung gebeten.
»Laß die Sonne nicht untergehen über dem Zorn«, hat sie mir
in den Schlaf hinein gesagt. Ich habs bewahrt, und mir scheint,
es ist ihr Vermächtnis an mich gewesen. Sie hat mir ihr Bestes
mitgegeben.

MANN Ich hab mein Privatleben immer total zerstört. Ich bin
ohne Liebe aufgewachsen. Kein Privatleben?

FRAU Was meinst du damit?

MANN Irgendwie habe ich mich als Wortfinder durchgesetzt,
auch mein Sohn hat sich als Gemüsehändler durchgesetzt.
Doch egal, was wir tun, wir fühlen uns als Versager, und niemand versteht unsere Verständnisschwierigkeit, weil uns das
Geschwätz der anderen so auf den Wecker geht. Denn von der
anderen Verwandtschaftsseite, Muckenthalern aus Pumpenberg, sind vor Jahrhunderten als Raubritter untergegangen
und zu Bauern degeneriert und ich meine dieses Versagersyn-

drom zu haben und doch besser zu sein als die anderen, als alle, vererbt sich über 1000 Kleinigkeiten an die Nachkommen, sei es wie man in die Sonne blinzelt, der Winkel, in dem man sich zu anderen setzt am Tisch und schon gar nicht zuhört, wenn der was sagt. Man möchte gerne der Gesellschaft ihre Blödigkeiten entreißen, aber auch genügend Leben haben, ohne hirnverbrannt arbeiten zu müssen. Ich mag überhaupt nicht dienen und enthaupte lieber einen Bischof, als daß ich ihm die Schuhe putze, schließlich waren wir einmal was Besseres als diese Faschingskirche. So weit geht mein Sohn nicht, weil er religiös gebunden ist: Er glaubt an Gott, den obersten Faxenmacher des Gehirns. Kriegst du das noch mit?

FRAU   Jaja. Auf den Film, das Stück, das Buch freue ich mich. Du Fleißiger, kein Wunder, daß du ein wenig fertig bist. Gönn dir ein bißl Ruhe. Ich grüße Dich von Herzen. Wenn Du der »Ohne Liebe« bist, bin ich die »Ohne Seele«, das haben wir schon besprochen. Blaß hast Du gestern ausgesehen, als Du mit der Emmi reinkamst. Und in deinen Zügen glaubte ich eine Mischung aus freundlichem Entgegenkommen verbunden mit der Hoffnung auf ebenso freundliches Empfangenwerden zu erkennen, hinter der bereits eine mit Zurückweisung rechnende Abwehr sich bereit machte zu Deinem Schutz vor Verletzungen. Mir war elend zumute angesichts Deiner Hoffnung und der mit einhergehenden Möglichkeit, ja Wahrscheinlichkeit, unserer eiserner Ring, Frauenring, aus Bockstarrigkeit müsse Dich verletzen. Mein gepanzertes und gleichwohl unsicheres »Grüß Gott« wird Dich dazu bewogen haben, mich mit »Herr Bierbilcher« zu begrüßen, vielleicht hast Du es in der Dir eigenen Art auch gesagt, um die angespannte Situation ein wenig aufzulockern durch einen Scherz, der mir nun nicht so besonders gefallen hat.

MANN   – – –

FRAU Und wenn ich annehme, Du könntest zur Emmi gekommen sein an dem Abend, wo Du uns am Frauenstammtisch weißt, weil Du mich daran erinnern wolltest, daß ich Deinen Brief bisher nicht beantwortet habe, so kann das nur ein Ausdruck meiner Eitelkeit sein, während Du vielleicht einfach unter Menschen sein oder ein Bier trinken wolltest.

MANN Jaja.

FRAU Du hast auf jeden Fall den Anstoß gegeben, daß ich mein Gekränktsein überwinde und Dir jetzt schreibe.

MANN Am Nachbartisch saß der Kabarettist, den ich nicht leiden kann, und er sagte über mich, daß er mir ansehe, daß ich ihn nicht leiden kann, wahrscheinlich fiel ihm mein Name ebenso wenig ein wie mir jetzt der seine.

FRAU Lenk jetzt nicht ab! Wenn alles nur entwürdigend war für Dich hier, einschließlich meiner Unfähigkeit, mich gut zu kleiden, wenn ich das Gewohnheitstier bin, das seine Bescheidenheit mit Spießigkeit tarnt (das wäre doch schon besser), also umgekehrt, das seine Spießigkeit mit Bescheidenheit tarnt und auf sein Häßlichseinwollen auch noch stolz ist, wenn ich fett in meiner Dummheit lebe und Deine Bemühungen um ein wenig Satz, ein wenig Bild kein Interesse aufgebracht habe, dann stellt sich mir doch unausweichlich die Frage, was zum Teufel es dann gewesen sein soll, was Dich zu mir hingezogen hat. Sollte wirklich nur das nackte Fleisch –

MANN Beruhige Dich, die Emmi gibt es doch schon lange nicht mehr.

FRAU Geh ein bißl in die Sonne, daß Du wieder Farbe kriegst, und ich nehme nichts zurück von dem, was ich zu Dir gesagt habe, aber Du sollst wissen, daß ich das Gefühl hatte, mit jedem Vorwurf, den ich Dir gemacht habe, mir selber jedesmal ein Messer ins Herz zu stoßen.

16

MANN Mußt Du noch wissen, daß ich mit dem Satz, daß ich
ohne Liebe aufgewachsen bin, sagen wollte, daß ich keine Liebe
empfand. Die hat man mir endgültig aus dem Leib gerissen, als
wir zu viert in unserem Zimmer schliefen. Mein jüngerer Ku-
sin Aloli und ich in meinem Bett. Da schoß meine Tante daher,
griff nach meinem Glied, und ich mußte in einem Feldbett aus
dem 1. Weltkrieg neben dem besagten Büfett aus Omas Ehe
schlafen, was nicht ging. Schon wieder war ich ein Verbrecher.
Als Deine Verwandtschaft sich im Fernseher »Servus Bayern«
anschaute, war ich für Deinen Vater auch der Verbrecher, aber
deine Mutter sagte, so schlimm ist das doch nicht. Einige von
Wohlfahrtshausen wollten kommen, mich zu erschlagen, als
hätte ich schon in Ambach gewohnt. Mit Double, den Du noch
kennst, treffe ich mich gerne, der an das Bayerische Fernsehen
Filme von mir verkaufen will, wird, wo man über den Unter-
haltungswert meiner Filme erstaunt ist, und persönlich kennt
mich eh keiner außerhalb der politischen Mafia.

FRAU Vielen Dank für das Drehbuch. Aber ich habe nicht die
richtigen Worte gefunden, um Dir zu sagen, daß ich die Rolle
nicht annehmen kann. Ist mir zu kalt in meinem ramponierten
Federkleid zwischen den jungen Zwerghühnern. Die Federn,
die nachgewachsen sind, laß ich mir nicht mehr ausrupfen.
Und weil der Schriftstellerfankerl in Dir ständig auf der Lauer
liegt, hungrig auf Beute Ausschau haltend, bin ich lieber in
Deckung geblieben.

MANN Gut so. Visavis auf, auf dem mit Blech abgedeckten Ge-
sims, wo die Tauben im Winter dichtgedrängt die Nacht ver-
bringen, liegen am linken wie am rechten Ende weit auseinander schon monatelang zwei tote Tauben auf dem Bauch, die
der strenge Winter nicht verwesen ließ. Da die Medien immer
wieder von der Vogelgrippe sprechen, werden das wohl zwei
der ersten Opfer sein, wenn nicht die ersten von München.
Für mich sind die meine Faulheit und mein Schwachsinn, die
nicht vergehen wollen. Heute tropfen erst mal Eis und Schnee.
Warum hast Du das gemacht, hast Du gerufen, warum über-
fährst du das arme Eichkätzchen. Ich sprengte es auf der un-
befestigten Straße, es kam den Erdabbruch nicht hoch, und ich
habe es wohl überrollt.

FRAU Dank für Deinen Brief. Ich hab mich gefreut darüber,
wenn auch der erste Reflex, als ich ihn auf dem Fensterbrett liegen sah, war: Duck Dich, dann tuts nicht so weh. Die Angst vor
dem Verletztwerden läßt nur langsam nach. Dir wird es nicht
anders ergehen. M. Duras hat einmal geschrieben: »Von einer
großen Liebe sollte man niemals ganz genesen.« Ich gebe ihr
recht und füge hinzu: Wäre ja noch schöner, wenn man es täte.

MANN Aber Du bist gestorben, und man weiß, daß Du nichts
mehr hast.

FRAU Ein schönes Kind, Euer Töchterchen. Ich war froh zu hören, daß sie gut angekommen ist und daß es ihr wieder gut geht.
Herzlichen Glückwunsch Euch allen! Ein wenig Wehmut ist mir
schon ums Herz geschlichen, aber es geht wieder gut. Der eigene Schmerz läßt doch nicht nach, daß Du anderen weh tust.

MANN Danke.

FRAU Außerdem habe ich mich ziemlich geärgert über Deinen
Satz in der SZ, daß für Dich alles nach wie vor aus der Kind-
heit kommt, nur Beiwerk, Falschheit und Arbeitsmaterial ist.
Das klingt zwar gut, tut aber manchmal verdammt weh, mir

jedenfalls. Das schluck ich nicht einfach runter. Es mag für Dich ja so sein, ich empfinde es als demütigend und menschenverachtend. Als müßtest Du andere herabwürdigen, einer Deiner eigenen Schwächen Herr zu werden.

MANN Ich zitiere das nicht, um Dir eins auszuwischen oder mich an den Pranger zu stellen, was habe ich denn von Dir, seitdem Du eingegangen bist, mich daran zu reiben. An Deinen Sätzen rieble ich wie ich an Deiner kleinen Warze geriebelt habe.

FRAU Au, Du tust mir weh! Jetzt hör aber auf, nicht einmal im Jenseits hat man Ruhe vor Dir, alter Quälgeist.

MANN Nur zu! Und daß Du in meiner Lebensbilanz bestenfalls »unter ferner liefen«, wie Du mir geschrieben hast, vorkamst, kannst Du jetzt getrost vergessen.

FRAU Das Annamaria hat mich auch getroffen. Warum Herbert, warum diese verletzenden Hiebe. Ich sage Dir also ab. Versuche mich zu verstehen, wenn Du willst.

MANN Als hätte ich schon jemals was verstanden …

FRAU Lad mich doch zum Tee ein in Deine neue Burgstraßennummersechswohnung! Die erste Seite wollte ich eigentlich noch einmal schreiben wegen dem Durchgestrichenen. Jetzt laß ich's einfach. Und beim Nochmaldurchlesen dachte ich, daß ich das schon alles gesagt habe, aber ich weiß nicht mehr, oder nur für mich. Ist ja auch egal. Es ist etwas geblieben von mir zu Dir, und das bleibt auch, weil es offensichtlich stärker ist als ich oder auch Du.

MANN Ich denke gerade an den Schwarm Tauben, den wir einmal zusammen in seinen Streifflügen rund über dem Viktualienmarkt beobachtet haben, rauf runter, sichtbar, unsichtbar usw. Wie sage ich es nur meiner ständig sterbenden Seele, daß es keinen Trost gibt. Gibt es einen Gott, schon wird der Streit vom Zaun gebrochen, lieber nicht.

Lieber Herbert!

Dank Dir herzlich für »Auf dem Weg ins Bad« vom 30. 3. 1993.
Dank Dir, daß es mich für Dich noch gibt. Ich habe mich so gefreut, das Mädchen wiederzusehen, nach dem ich verzweifelt in
mir suche. Was Du gemacht hast, auch wenn es meine Grabkammer ist, wie immer ich es auch verstehe, ist so überwältigend
schön, daß ich mich in Ehrfurcht und Bewunderung vor Dir verneige. Du bist ein großer Künstler, und das glaube ich, ist es
auch, was mich von Dir trennt. Ein wenig macht es mir nämlich
Angst, daß der Herbert, den ich liebe – immer noch und für immer mehr – mehr und mehr sich auflöst in der Kunst. Die gefährlichste Rivalin ist die Kunst. Sich mit ihr zu verbinden, meine
einzige Chance.

Ich tu, was ich kann, aber bei einer Schildkröte geht eben alles
etwas langsamer. Wie lange wird es dauern, den ganzen Mist
wegzuschaufeln, den die mir auf meine Kinderseele geschüttet
haben. So zaghaft, und es scheint mir manchmal unendlich viel
zu langsam, beginne ich, die Frau in mir zu lieben, die Frau, die
ich sein kann und will, wenn es mir endlich und hoffentlich bald
gelingt, mich von dem anerzogenen Bild der untertänigen, demütigen, sich selbst verleugnenden Sklavin zu befreien, zu erlösen. Und nur in der Qual des Alleinseins, getrennt von Dir, »meinem besser Ich«, wird es mir gelingen.

Ich weiß nicht, ob Du Dir vorstellen kannst, wie entsetzt ich plötzlich über meine 43 Jahre gewesen bin, als ich Dich mit Deiner kleinen, lieben Chinesin sah, die 20 Jahre jünger ist als ich. Nie hatte ich mir Gedanken gemacht über mein Alter, und auf einmal stehe ich da und erkenne mich: Verwelkt, ungeliebt, nie mehr begehrenswert. Eine erschütternde Erkenntnis, aber auch ein heilsamer Schock. Den Du mir versetzt hast und für den ich Dir, bei allem Schmerz, dankbar bin. »Zähle die Mandeln, zähle, was bitter war und dich wachhielt, zähl mich dazu.« Deinem Sohn hast Du das geschrieben, aber auch für mich gilt es. Mit Deiner unerbittlichen Kompromißlosigkeit hast Du mich aufgeweckt, und dafür liebe ich Dich um so mehr, so sehr ich auch versuche, einen Teil der Schuld auf Dich abzuwälzen, weil ich einfach nicht alles auf mich nehmen kann und will. Warum denn haben wir uns ineinander verliebt! Ich kann diese Frage nur für mich beantworten. Du hast für mich alles verkörpert, was ich nicht sein konnte, so gerne aber gewesen wäre: Du hast den Mut, Altes in Frage zu stellen, Neues zu schaffen, Mut zu verändern, Mut, jede Autorität ad absurdum zu führen, den Mut, das scheinbar Unmögliche möglich zu machen. »Du hast keine Chance, aber nutze sie«, sagt alles über Dich aus.

Aber neben all dem Mut war auch noch was anderes da, die zutiefst verletzte Kinderseele, der ich mich so vertraut nah gefühlt habe, weil mir alles Schwache, Zerbrechliche, Schutzbedürftige näher ist als Starkes und Mächtiges, das mich meine eigene Schwäche und Ohnmacht nur um so deutlicher spüren läßt. Weißt Du denn, was es bedeutet, ein halbes Leben gnadenlos reduziert worden zu sein auf das »ideale Frauenbild« der Elterngeneration? In der Geburtsstunde schon der Mutter von der Hebamme mit den Worten präsentiert worden zu sein: »Schau, ein Mädchen ist es, kein Schwänzchen hats!« Und diesen fehlenden Schwanz hab ich weiß Gott meine ganze Kindheit hindurch vorgehalten gekriegt. Sie haben sich schon darüber gefreut, daß ich ein Mädchen war. Sie haben mich wohl auch geliebt. Aber was Eigenes haben sie mir nicht gelassen. Wenn ich pfeifen wollte, wurde mir mit der »weinenden Mutter Gottes« gedroht, vor der Dunkelheit haben sie mir Angst gemacht, um mich dann in den finsteren Kartoffelkeller einzusperren, für mich ein Horrortrip, ins Kino durfte ich nicht mit, Beruf durfte ich keinen lernen. Alles, weil ich ein Mädchen war. Gedemütigt für diesen kleinen Unterschied zwischen den Schenkeln vom ersten Augenblick an. Hier war keiner, der einem Mut gemacht hätte zu kämpfen. Alle haben sich nur geduckt. Soll ichs ihnen vorwerfen? Und ich hab mich mitgeduckt, um zu überleben. Das einzige, was ich gelernt habe, ist zu ertragen. Schweigend und still. Selbst die Tränen nur dem Dunkel der Nacht anzuvertrauen, denn wer sonst erträgt ein verweintes Gesicht. Und den Schmerz hinauszuschreien, damit einem leichter wird, bringt einen noch ins Irrenhaus.

Ich fürchte die schwindende Zeit nicht mehr, ich habe meinen Traum. Zehn Jahre, es sind fast nur noch neun: »Der Tag wird kommen!«

Du hast mich so durcheinandergebracht mit dem Buch, daß ich seit Wochen über diesem Brief sitze und noch immer nicht weiß, was und wie ich Dir eigentlich antworten soll. Und immer wieder schreib ich ein Stückchen dazu, dann denk ich, so ist es nicht gut, dann wieder doch, schreib, wie dir ist, und sag ihm alles, was in dir vorgeht, jetzt endlich, wo du es so viele Jahre nicht getan hast und doch hättest tun sollen, weil es das Beste und einzig Richtige gewesen wäre. Und wenn ich einschlafe, denke ich Du, und wenn ich aufwache Du, nichts als Du. Immer bist Du da, immer rede ich mit Dir, immer hab ich eine Sehnsucht nach Dir, daß ich schreien möchte, komm zurück, ruf mich wenigstens an, sag wieder was und halt mich fest, erdrück mich meinetwegen in diesem Festhalten, aber berühre mich. Wen denn sollte und könnte ich lieben als Dich.

Dich, der Du dieses unerfüllbare »Alles auf einmal« forderst. Und vielleicht, weil ich weiß, daß es unerfüllbar ist, liebe ich Dich. Und versuche ohne Dich zurechtzukommen und meinen eigenen Weg zu gehen, zu finden, weil mir keine andere Wahl bleibt. Aber es ist auch spannend, Seiten an sich zu entdecken, die man vorher nicht gekannt hat. Durch die eigenen Augen schauen zu lernen, sich auf das eigene Gefühl verlassen zu lernen, es überhaupt erst einmal zu spüren, wahrzunehmen, daß es existierte.

Aber alles hat Deine Farbe angenommen, so muß es wohl sein. Verzeih, daß ich in Dein neues Leben eingebrochen bin, ich wollte nicht stören, nur Dir sagen, daß ich versuche zu verstehen, Dich und mich und daß mein Herz bei Dir bleibt.

Gute Reise und viel Glück beim Drehen.

Deine Annamirl

Arkadia

Ich habe nie gedacht, daß, wenn man so denkt wie die Großschriftsteller, daß das was bringt. Aber auch die Knirpse sollen nicht denken, sie seien groß. Arkadia ist nicht der Landstrich des Elysiums, es ist das Bärenland, wo es vieles nicht gibt, was man sich erträumen möchte. 1971 fuhr ich vom Meer hinauf. Da war es: Nach einem Gewitter leuchtete das Land zufrieden. Selbst meine Frau war zufrieden. Die Kinder freuten sich schreiend. Auch ich war zufrieden und schwieg.

SOKRATES
ALKIBIADES
Beide als Chor
Alkibiades als Autor
PAN

ALKIBIADES Ich setze dich ab. Du bist schwer wie ein Elefant.

SOKRATES Au, au, au!

ALKIBIADES Daß Knochen so schwer sein können.

SOKRATES Auch die Empfindsamkeit hat ihr Gewicht, glaubst
du nicht?

ALKIBIADES Ich, der ich mit Pferden umzugehen wußte, bin
ein Packesel.

SOKRATES Dann erschlage mich jetzt, und zugleich laß mich liegen, den Geiern zum Fraß. Dreh mich nicht um, damit sie als
erstes die Augen aushacken können und ich im Flug noch einmal alles sehe. Nicht nur das tote Gras zu meinen Seiten. Kotku-
geln, verquollen, von Ziege oder Schaf. Wildtiere gibt es genug.

ALKIBIADES Nicht einmal Stecken gibt es hier, deine Ziegenhaardecke auszuspannen zum Schatten dir.

SOKRATES Schön war es auf der Pnyx Perikles zuzuhören, wie
er den Athenern das Notwendige in die Herzen sprach. Viele
saßen um ihn, armes Volk ohne Schuhbekleidung, sie wedelten
mit ihren Füßen gegen die Fliegen, als wäre das Himmelsblau
das Meer und ihre Beine Flossen. Der Schatten gedenke ich
auf Perikles' Gesicht, der Kleine wie im Schatten der Blätter.
Einen Baum gibt es hier nicht. Kein Bäumchen. Aber auch
keine Trauer. Die Hitze ist so dicht, daß gleich unser Plan her-
vorspringen wird, wirst sehen. Schläfst du schon? Ich decke
dich zu.

CHOR So tun sie, was sie immer taten, der Gott und der Schrot. Wir beide sind ein Chor aus zwei, doch was wir sagen ist einerlei. Es fehlt nur noch der dritte, der schläft und schnarcht. Ach Schweinchen, fleischfressendes Tier, beiß dem Sokrates seinen Lappen nicht ab. Während ein Gott nichts lieber als in ein Ziegenarschloch schaut. Wie ist das nur möglich: Mit zwei Augen schaut er in eins hinein, und oben schaut die Ziege wieder mit zwei heraus? Aus zwei mach eins, und aus eins mach zwei, was ist dabei, was ist dabei. Da wacht er auf, der Pferdeknorpel, und findet keinen Arsch. Alkibiades! Alkibiades, hier sind wir.

ALKIBIADES Versteckt in den Sorgen. Schwarze Nacht, schwarze Sorgen. Schwarz wie Achill. Schwarz wie seine Mutter die Tiefe des Meeres. Sich wölbt, als wäre es der Schwärze nicht genug, muß sich das Schwarze wölben, sich aufwerfen in die beileibe nicht unschwarze Nacht. Muß noch schwärzer sein, das Schwärzeste ohne einen Funken, ohne einen Funken, kein Licht, keine Spur, nur schwarz. Nur die Mutter mitten darin ist noch schwärzer, schwarz und schwer wie die ganze Welt zusammengepreßt zum Abschnitt eines Fingernagels, schnipp. Selbst die Wiedergeburt ist eine Angelegenheit des Willens. Leben könntest, weiterleben und eventuell einen neuen Fleischmantel annehmen könntest, aber nur wenn du wolltest. Ja, du spürst, wie du deinen Fleischmantel ablegen könntest und allein in der ruhig pulsierenden Schwärze, groß wie ein Bienenschwarm, wenn er sich wieder gesammelt hat. Vielmehr du siehst, wie dein Kampfgetümmel dich umgibt, wie das Gekämpfe der anderen, und in dir entdeckst du ein Schweigen, ruhig atmend und schwarz.

PAN Und da bin ich schon! Sokrates, du trauerst doch, und zwar um Athen. Du liebst den Anblick der Akropolis über alles. Du hast mir an ihrem Fuße geopfert, immer sechzehn Feigen, von denen du die Hälfte selber verzehrt hast. Ich habe dich beobachtet, wenn du im Schatten der Olive die Feigen verdrückt hast. Warst schön anzusehen. Die Olivenblätter sprachen mit dir. Immer schienen sie mehr Argumente zu haben als du. Ich biete dir für deine Treue eine Ziege, jung ohne Zicklein mit feuchter Scheide, auf Knien kannst du sie beschieben. Und ich mache es neben dir mit einem Schwein, haben sie nicht das Netteste ohne jedes Haar. Haben sie.

SOKRATES Ziegen und Schwein zu ficken ist wunderbar. Du mußt später keine Kinder besichtigen. Auch Wörter der Frauen kennen Tiere nicht, nur die Wiederholung der selben Laute.

PAN Du mußt nichts verstehn. Und es kommt dir gleich. Keine Zeitverschwendung vom Göttlichen abzulassen. Gut, daß du mir und einmal nicht dir gefolgt bist. Denn was willst du in Athen für immer tot sein! Hier wirst du länger leben. Und Apollon darfst du nah sein, drüben in Bassai. Einen Tempel zu kriegen für Apollon hat mich nur das Wunder von Marathon gekostet, ich erschreckte die Perser, und sie stachen sich gegenseitig ab.

SOKRATES Du redest Unsinn, aber was solltest du sonst. Obwohl die Verluste der Perser schier unermeßlich, den unseren nur ein Grab von erträglichem Maß bescherten.

PAN Du redest gern, weil du die Wahrheit suchst. Aber wenn du die Wahrheit hast, was sagst du dann?

SOKRATES Gut, gehen wir Ziegenficken.

PAN Dreh dich um, da ist sie doch! Deine Mäh---

SOKRATES Wach auf, du bist verschwitzt, deine Gedanken sind verschwitzt, und du schwitzt immer noch!

ALKIBIADES Ich?!

SOKRATES Ja du, es ist doch sonst niemand da. Außer die verschwiegenen Faune im Gebüsch, meinst du, aber erblickst du ein Gebüsch?

ALKIBIADES Nein.

SOKRATES Also! Also, nimm die alberne Maske ab, wir spielen
hier nicht Theater. Was habe ich da? Ein Schwein, ein Schwein
am Kopf.

ALKIBIADES Haha, besser als im Kopf, heraußen lenkt es ab
vom wahren Sinn. Und ich, was hängt da für ein Deckel vor
meinem Gesicht, er läßt mich so schwitzen.

SOKRATES Es ist ein Arsch, sag nicht nein. Du ein Schwein,
was muß ich dann für die Leute sein? Das Schwein bleib ich.
Und ich sage dir nicht, was ich an dir sehe. Ich sehe in dir einen Sokrates, also Soklates, weil du ja ein R nicht sprichst.

ALKIBIADES Soklates, sei nicht albern, auf Fehlern fischt man
nicht herum, auch wenn sie noch so quietschen. Schon wieder?

SOKRATES Was –

ALKIBIADES Geld verschluckt. Wieder zwei Tage warten.

SOKRATES Ich habe alle meine Oboli im Mund verschluckt,
was willst du hier kaufen? Ist doch fein! Wir waschen das Geld
und stecken es wieder in unseren mündlichen Geldbeutel hinein, bis das Versehen eine Münze nach der anderen wieder in
den Unterleib treibt. Und trotzdem wird das Geld weniger.
Wie die Gedanken.

ALKIBIADES Wie was?

SOKRATES Weil das Denken sich nicht vorschreiben läßt, immer denkt es sich wunderbar weg.

ALKIBIADES Das sagst du?

SOKRATES Das sagt ein jeder, der sich kennt.

ALKIBIADES Aber dieses normale Denken in sich, ist es nicht
die Zerstörung des Gegebenen?

SOKRATES Du frägst wie gestern, doch heute haben wir einen
anderen Tag, der den Gedanken weiterführen möchte, aber es
wird zu kompliziert.

ALKIBIADES Für wen? Für die Masken? Ist es.

SOKRATES Wir unterschätzen die Ortsgebundenheit des Denkens. In Athen z. B. kann man so zielgerichtet an vielem vorbeidenken, aber daß die Akropolis und die Götter nicht zerfallen, kann man eben nur hier mit einem einzigen Gedanken verhindern. Stop! Stop, sagst du, Apollon darf nicht beleidigt werden. Denn einen jeden großen Gedanken kannst du in kleine auflösen, jeden großen Gott vergöttern. Gestern konnte ich nicht denken, heute könnte ich es wieder, und morgen frisiert mich Platon wieder, wenn du ihm das Durcheinander unserer Reise angeboten hast, so wie du eben den Wahn in der Rede voranzutreiben pflegst, den Wahn, den man sich heute noch gar nicht vorstellen kann. Ich bin tot!

ALKIBIADES Bist du eben nicht! Gut, leg dich hin, dann bist du ein totes Schwein. Also nicht, du bist eine Schildkröte, so wie ich dich aus dem Gefängnis befreit habe: Arme und Beine einzeln mit einer Haut aus Pergament zusammengebunden und darauf einen Panzer gesetzt, und dein Kopf hat sich am Panzer gewetzt, wie sich eben ein Schildkrötenkopf am Schildkrötenpanzer wetzt. Langsam, langsam sagte ich zu deiner Flucht, laß dich durch nichts zur Eile bewegen. Schau blöde vor dich hin, wie du es gewohnt bist, schau nicht zum Mond hoch, der singt nicht. Hast du mich verstanden?

SOKRATES Wären wir sonst hier? Wir sind doch hier!

ALKIBIADES Ja, das kleine Gefängnis war unser Glück. In einem großen Gefängnis hätte man durcheinandergeschrien, laut geweint und plötzlich verstummt. So aber haben auch wir zwei leise geweint und haben uns hinausgeschlichen, um uns zu erleichtern. Als Schildkröte haben dich die Hunde angebellt. Du bist stehen geblieben, hast das rechte Vorderbein gehoben und bist erstarrt. Ich habe ganz laut hinter einen Olivenbaum geschissen und eine Eule in ein Gespräch verwickelt,

die mich gefragt hatte, ob ich denn wisse, was ich hier tue. Ja,
sagte ich, schon, aber du weißt es vielleicht besser. Entschuldigung! Danke, sagte sie darauf, denn am besten mußte ich es ja
wissen. Und du, mein Sokrates, warst zu einem Schildkröten-
denkmal erstarrt, das die Akropolis anstarrte. Da kam der
nachtstarre Pan und klapperte vor sich hin. Du mußtest lachen
und hast dich somit wieder bewegt. Mit dem Aufschrei »Solche
Narren« schlug sich die Eule davon. Was denkst du gerade?

SOKRATES Ich höre dir zu. Nur eine Frage habe ich noch,
könnten nicht Menschen kommen, die aus unserer, dieser Geschichte, eine Religion machen, der man das Denken nie bei-
bringen wird und die die Freiheit bis in alle Ewigkeit mit Fes-
seln vertauschen wird, weil sie dir und den anderen Menschen
nicht vertrauen.

ALKIBIADES Ich verstehe dich nicht.

SOKRATES Was verstehst du nicht? Mich? Die Wörter? Oder
was ich sage? Oder was ich meine? Oder siehst du das eher
länglich? Oder breit? Laß uns gehen, denn es stinkt hier be-
stialisch. Auch wenn ich dich liebe, kann ich diesen Geruch
nicht lieben, ich kann nur draufscheißen als Zeichen der Liebe.
Meinen Haufen in dein Gespritze gesetzt ist auch mir wohler.
So!

PAN Gut, daß es Nacht ist, kommt der Gestank nicht zum Er-
blühen.

ALKIBIADES Du bleibst zurück in deinem geliebten Heiligtum
im Felsen der Akropolis und hast bis auf heute auf sie ge-
schaut. Wir zogen weiter zum Hafen, und niemand argwöhnte,
daß ich Alkibiades sei, der an einem Faden die Riesenschild-
kröte zog, ein Fabelwesen. Du hast dich gut gehalten.

SOKRATES Du hast mir gegen meinen Willen das Leben gerettet. Doch nun sehe ich es anders: Man sollte nicht dem Tyran-
nen zu willen das Recht hochhalten. Dann auch hast du mich

bis zuletzt geliebt, der du auch der erste warst, der auf mich acht gegeben hat und meiner Männlichkeit getraut. Schön fandest du mich, mit den Ranken des Landes geschmückt, zu schön, du wolltest vergehn, aber vergingst nicht. Du warst so betrunken und dachtest wohl, ich sei ein Faun. Faune ficken gern, ich fickte dich gern, konnte nicht ablassen, weil ich auch inzwischen besoffen war. Wir schäumten uns zu.

ALKIBIADES An Aigina kamen wir ungesehen vorbei trotz unseres Liebesgebrülls.

SOKRATES Was sagst du da?

ALKIBIADES In der Bucht lagen verbrannte Schiffe und immer noch schreiende Krieger. Die Hunde pißten hin und her. Eine Priesterin stürzte sich in die Tiefe, weil Gott nicht weise sei –

SOKRATES Das steht dir nicht zu zu sagen. Die Schlacht ist nicht beendet, auch wenn ein Teil verloren ist. Der Anblick des Tempels hat gehalten und dem Himmel sein Bild hingetrotzt. Sein Bild war verschwiegen, doch erhob sich seine Schönheit über alles. Vergiß nicht die Priesterin sitzend auf der Mauer, die so ruhig wie die Göttin über die Falten ihres Kleides und des Meeres hinwegblickte. Schönes Aigina, grüße mir das schönste Athen. Und wie sind wir nach Aigina gekommen?

ALKIBIADES Langsam.

SOKRATES Langsam, dann sind wir vielleicht noch gar nicht da? Ist das Salamis und mir ist der Tempelbau entgangen? Viele der Tempel gleichen sich, und in der Form gleichen sie sich wie in ihrem göttlichen Inhalt. Vielartig ist der Himmel bedeckt, doch immer rund, sperrige Bauten verändern da nichts. So kann das Richtige ganz nah an uns her, dem störenden Lärm zum Trotz.

ALKIBIADES Ja ja.

SOKRATES Aha, also hat die Sprache mit der Wahrheit nichts
zu tun? Dimension! Größenverhältnis. Spannkraft des Denkens – Wenn ich in einer anderen Sprache spräche, änderte
sich was? Also, lieber Alkibiades, die Sprache habe mit der
Wahrheit nichts zu tun.

ALKIBIADES Ich habe nichts gesagt.

SOKRATES Ich muß in deine Maske schaun und mich fragen,
wie sind wir nach Aigina und wie sind wir an der perserfreund-
lichen Insel vorbeigekommen?

ALKIBIADES Du sagtest es eben, wir haben den Tempel angeschaut und wir haben uns weiter aufs Meer hinausgetraut. Als
aber dann unser lieber Pan auch noch in unserer Nußschale
auftauchte, schien das Meer zu steigen, und der kleine Gott
beruhigte es, so daß sich Bremsen auf der hautnahen Ober-
fläche niederließen und permanent mit ihren Flügelpaaren
ruderten.

SOKRATES Wohin?

ALKIBIADES Gegen Süden, sonst wären wir doch jetzt nicht
da, unweit von wo ich die letzte Schlacht geschlagen habe mit
Feinden auf beiden Seiten –

SOKRATES Zur Sprache sagst du nichts, und jetzt kommst du
mit dem Theater, denn Krieg und Theater sind doch ursprünglich gar nicht so weit auseinander.

ALKIBIADES Von der Aufmachung her nicht und den Be-
schimpfungen – Wie im Rausch den roten Mantel schwingst
du das Schwert.

SOKRATES Und fällst in die Pfütze, um nicht zu ertrinken,
muß dir geholfen werden.

ALKIBIADES Haben wir schon einmal gehabt – zweimal. Ja,
ich finde das schön mit der Sprache und dem Theater, und um
zu verarschen. Aber so blau der Unterschied ist, er ist vorhan-
den. Ob sie wollen oder nicht.

SOKRATES Wir haben keinen Wein. Und wenn wir keinen Wein haben, ist es eine Schande, zu zweit zu denken. Und schaut dem unendlichen Wellengang der Gedanken nur zu. Ja. Denn die Logik allein ist es nicht, die uns hilft. Die Dynamik gehört dazu. Und der Mensch ist klug genug zu wissen, was er mit dem Ende zu tun hat. Hast du mitgeschrieben?

ALKIBIADES Nein. Ich habe immer auf die Frage von dir an mich gewartet, wie wir denn von Athen hierher gekommen seien.

SOKRATES Wie!

ALKIBIADES Von einer Zeile zur nächsten. Da soll es auf der anderen Seite der Erde Vögel geben, die nicht fliegen, weil sie keine Flügel haben, Erdvögel oder genauer Erdamseln. Wieso die nicht fliegen? Weil sie nicht wollen, weil sie nicht können, weil es auf der Erde zu schön ist, weil es auf der Erde schöner ist als in der Luft, nicht so aus Angst. Daß Philosophie nicht das letzte ist, der was einfallen muß, liegt auf der Hand.

SOKRATES Zeig her!

ALKIBIADES Platon z. B. Warum ist der immer auf die Dichter eifersüchtig?

SOKRATES Schon. Aber man kann nicht alles haben, denn was bleibt für die Dummen? Die Nachkommen? Die Gläubigen? Den Mönchen? Auch ihnen bleibt alles, denn die Wahrheit erfindet nichts.

ALKIBIADES Und wenn man was erfinden will?

SOKRATES Dann läßt man die Wahrheit beiseite. Die verhinderte Wahrheit, kann die verhindern?

ALKIBIADES Ich weiß es nicht. Ich schwitze. Erzähle doch bitte von unserem Geschwätz nichts Platon. Der frisiert so gerne.

SOKRATES Tu doch die alberne Blume von deinem Kopf.

ALKIBIADES Tu doch die albernen Gedanken aus deinem Kopf.

AUTOR   Aufgewacht und weggetaucht
Schlecht ergangen ohne Zuversicht
Langsam erholt ohne Zuversicht
Nichts gedacht hat der Körper wieder gesiegt
Hat der Körper wieder gesiegt

ALKIBIADES   Immer läufst du hinter mir her, geläufiger Sokrates, oder soll ich sogar sagen Herr Sokrates, so aufgedunsen du bist, ohne was zu essen. Ich weiß nicht, wann ich schneller gehen soll, oder innehalten, damit du nicht aufläufst, du läufst nicht auf, also gehe ich weiter und kümmere mich nicht mehr um dich. Schön ist der Alphaios, und tief liegt er unten, bin nur froh, daß ich da nicht hinuntermuß, dich da hinunterzutragen, ginge mir gerade ab. Zu genau weiß ich noch, wie ich dich in deiner Ziegenhaardecke zusammengefaltet zu einer Tüte nach Megara trug. Du wolltest wissen, ob nun Iktinos den neuen Tempel in Eleusis baue oder nicht, während ich nach Luft rang und deinen Atem im Nacken hatte. Nicht zum ersten Mal hast du mich zur höchsten Anstrengung getrieben. Sagst du nichts? Sieh dir die Wolken an, ein eigenes Land wie vor Korinth. Ich muß mal, ich geh hinter den Stein. Wie man nur so viel scheißen kann bei so wenig Speise.

SOKRATES   Nicht so, nicht nur so. Enger als die Glieder des Körpers umarmen die Gedanken den Globus, und freier als Arme geben uns die Gedanken frei. Ich möchte dich an der Hand halten und in Gedanken bersten, die dir die letzte Freiheit gewähren. Aber das letzte kann der Gedanke nicht, wie wir festgestellt, selbst wenn wir den Gedanken auf den Stein legen könnten, wäre das kein Beweis des Steins und der Gegend hier und des Flusses, mit dem wir so weit darüber gen Westen ziehen.

ALKIBIADES   Ich kann dir nicht mehr folgen. Wirst du alt? Nein: Ich werde gejagt. Schau dir die drei Spartaner an. Sucht

ihr mich, mich, Alkibiades, den Feldherrn? Ja? Wenn ich
Herrn Sokrates abgeliefert habe in dem neuen Tempel unweit
von Olympia, dann mach ich einen Abstecher zu euch nach
Sparta, wo ich ja schon war. Eine Körperhaltung haben die!
Auch der Haaraufbau ist sehr ungewöhnlich. Und der Duft
eurer Körper, laßt euch beschnuppern, wunderbar! Das ist
nicht des Denkens fade Tragbahre. Und schöner noch sind die
Wolken als die von Epidauros, welche Stadt sich wohl darunter
befindet?!

SOKRATES Bleib, bleib stehen, du Freund, und scheiße nicht
ferner, du wirst die Silberlinge in deinem analen Geldbeutel
nicht mehr finden. Du Liebling der Athener, schenke mir, deinem Freund und Lehrer, wenige Sekunden, auch wenn ich nur
versucht habe, dich von jeder Gelehrsamkeit abzuhalten, denn
so eindeutig wie die Farbe Rot deines Mantels ist das alles
nicht. Oder doch?

ALKIBIADES Honig kennt diese Gegend wegen der Bienen,
doch Olivenbäume sehe ich nicht. Wein kann man wohl nirgends kaufen, unfreundliches Land! Und doch haben wir es
geehrt. Schon sind die Spartaner verschwunden. Ob die dem
Fluß nachgehen? Ob die dem Fluß nachgegangen sind, so wie
wir, denn er führt nach Olympia, die einzige Stadt, deren Wolken nicht schöner sind als sie selbst. Doch haben wir nicht in
Athen Wunder über Wunder und das kleinste Wölkchen fällt
noch auf. Und dann der Haufen der Wolken, die sich hinzie-
hen, bleiben und plötzlich verschwunden sind, um wieder da-
zusein, um das Herz zu erfreuen.

SOKRATES Bleib nicht stehen. Hätte ich das nicht alles hinter
mir ohne dich?! Von Speerspitzen habe ich heute nacht ge-
träumt, länglich und gelb, eine tat so weh, daß ich dachte, ich
sei tot. Auch aus den Zungen haben sie jetzt Speerspitzen gemacht, deine Athener. Weißt du noch, bei Theben, als wir nur

eine Sandale hatten, die wir wechselten, damit keiner unserer Füße erfror. Das waren noch Zeiten, wo man noch wußte, worum es ging: Theben sollte nicht beschwichtigt werden, denn als Feind Athens war es Athen zu nah. Es schneite. Wolken über Theben habe ich nie gesehen.

ALKIBIADES Über dem Kolonos, dem Hügel vor Athen, habe ich ebenfalls keine Wolke in Erinnerung, nur die Schwärze des Meeres und der Angst, und ich weiß, ich bin ein blöder Hund.

SOKRATES Bleib nicht stehen! Alkibiades, der du dich mehr in den Sturm begibst als in die Windstille, du eilst, du rennst, du begibst dich stets ins Wagenrennen, daß du in Olympia so göttlich gewonnen, und nicht nur einmal, stets bist du in Bewegung, in Eile wie ein Brand, was solltest du sehen? Selbst die Zikaden dringen nur flüchtig an dein Ohr, wenn sie nicht ganz verstummen bei deiner Raserei. Hörst du die Zikaden?

ALKIBIADES Nein. Ich habe dich von Athen zum Peloponnes geschleppt, und herauf ins Arkadische Gebirge, und dann, als wir nichts zum Essen hatten und unser ganzes Geld geschissen hatten, bist du wieder zu dir gekommen. Hättest schon die Spartaner ansprechen können, aber selbst bei dir, weiser Sokrates, war die Überraschung größer als die Überlegung.

SOKRATES Ja, jetzt, da ich tot bin, überwog wohl das Lebendige.

ALKIBIADES So wie bei uns allen.

SOKRATES So wie bei uns allen. Könntest dich an unser Gespräch erinnern, als wir zum Kolonnos hinüberspähten, ob wir das Grüne der Pinien erblicken. Und wo die vielen Olivenbäume liegen, sahen wir nicht.

ALKIBIADES Als die Perser die Olivenbäume abgeholzt hatten, sahen wir die Steine. Ich sah sie nicht gern.

SOKRATES Wohlgesprochen, mein Alkibiades. Aber da wir die Steine jetzt nicht sehen können, müssen sie nicht notgedrungen daliegen.

ALKIBIADES Denn da wir die Steine nicht sehen, müssen sie nicht notgedrungen daliegen, sagst du, könnte dies geradezu der Grund sein, daß sie nicht daliegen.

SOKRATES Du überspitzt, indem du meinst, weil wir die Steine nicht sehen, müßten sie da sein. Sophist!

ALKIBIADES Sie sind da, weil sie sonst nichts können als da sein.

CHOR Ich weiß es nicht. Doch was ich in Händen halte, ist weniger fern als was ich sehe. Was ich sehe, kann ich niemals in Händen halten bis auf den Grenzfall, daß ich das Gesichtete in die Hand nehme wie dein Gesicht.

ALKIBIADES Zweimal hast du mir das Leben gerettet.

SOKRATES Schau, jetzt habe ich es doch dabei, das Entlein. Auch das ein Segen der Angst.

ALKIBIADES Der Kopf ist viel zu groß.

SOKRATES Aber die Federspitzen, die aus dem Flaum spitzen, was ist das?

ALKIBIADES Das sind schon Federn und werden größer werden, und grau, jetzt sind sie schwarz.

SOKRATES Es ist weiß. So ist es.

ALKIBIADES Soso. Jetzt ist die Zeit des Denkens. Wir denken das Denken auch. Wir können nicht konsequenter sein, weil das Denken von uns kommt. Und nach uns wird das Ausdünsten kommen, statt Gedanken kommen Dünste aus den Köpfen, wie Weihrauch.

SOKRATES Du gehst zu weit, du hüpfst wie ein wild gewordenes Kind über das Seil, das meint, wenn es herumtobt, beherrsche es das Seilspringen, in dessen Schlingen es sich verwirrt, statt zu hüpfen bei der Seiles Bodenberührung. Jaja, du wirst, sobald ich dich gehen lasse, verschwinden und weiß Apollon wie viele mit dir reißen. Vielleicht ganz Athen. Paian!

ALKIBIADES Ehrwürdiger, führen wir doch deinen Gedanken fort, wie du mich zu überzeugen dich doch nicht vergeblich bemühst: Du wolltest mir doch beweisen, daß beim größtmöglichen Ansatz von Logik das Denken zu begrenzen, ja, zu beenden sei.

SOKRATES Das kennen wir doch. Ich möchte zurück nach Athen. Die Wolken hängen hier, als hänge keine Stadt daran. Olympia ist mir zu weit. Heb deinen roten Mantel hoch, damit etwas Farbe und Zusammenhang in die Kulisse kommt. Es ist besser, die Sonne streift den Mantel nur, sonst erstickt er sie. Daß es auch keine Blume hier gibt – – – Bleib, jetzt in der Enge des Bleibens, hat der Abschied einen Wert, der ihm beim Gehen nicht mehr zukommt, bleib! Jeden Augenblick können die Blumen kommen, nächtlich springt die Skylla auf und läßt den ermüdeten Herbst in ihr erfrischendes Auge sehen. Morgens grünt das blaue Hüftei aus der Tiefe heraus. Wenn du dich mit offenem Arsch darauf setzt, wirst du erstaunliche Dinge sehen. Alkibiades, du Freund der Jugend, du Liebling der Athener, schenke mir, deinem Freund und Lehrer, wenige Sekunden der Liebe. Liebling des Sokrates, der nicht wählerisch war bei den Leuten, die kamen, aber bei denen, die blieben, herausrutschender Alkibiades.

ALKIBIADES Versteh. Ich verstehe, dich ruft das Gesetz, du möchtest deinen Weg gehen, als wäre er von Gott befohlen. Von wem auch sonst. Hier haben wir keinen Feind außer dem knirschenden Sand, der gähnenden Schlucht und dem lärmenden Himmel, ja der Verstand wird zum Feind, weil ihn niemand aufnimmt und weiterträgt. Wie gähnt die Leere des fehlenden Feindes, seiner Übermacht entgegenzubrüllen: Du bist feige, nur deine Feigheit drückt mich in die Enge, nicht deine

Übermacht. Du bist es nicht einmal wert, von der Erde getragen zu werden, und ich die Erde trete, obwohl ich von ihr zertreten werde. Ist nicht ein jeder Schritt ein Blumengedicht, mein Blumengedicht, geliebter Sokrates, das ich um dich streue zum Abschied der Liebe. Nenn du es einen Gottglauben, aber wer an Gott glaubt, ist kein Mensch.

SOKRATES Ich geh. Trag mich zurück. Ich habe ein Anrecht auf das Gift. Ich bin rechtmäßig zum Tode verurteilt worden. Begib dich in deinen Fleischmantel, komm!

ALKIBIADES Das Gift willst du? Bin ich dein Freund? Ich habe das Fläschchen, es ist halb voll. Und den Becher habe ich auch, er ist nicht groß wie ein Fingerhut, steht er nicht wie ein Gefängnis zu einem Haus, so klein ist er.

SOKRATES Mach schon. Gib mir meinen Fingerhut Schierling, zum Nachtrinken brauche ich nichts. Keiner da, keiner weint. Du drehst dich um und denkst nach. War da nicht, als wir ankamen, als du mich abgesetzt hattest, ein Strunk, der aus dem Boden ragte und oben so abgebissen schien, auch abgerissen, als hätte sich ein starkes Tier befreit. Was meinst du? Endlich tun mir die Zehen nicht mehr weh. Auch der Schmerz in den Füßen läßt nach. Der Unterleib war eh immer nur schwach wie die zweite Strophe eines Gedichts. Ja, die Arme sind stark, sind stark wie ein Gedanke, der das Gedicht aus dem Alltag hebt und den Göttern zeigt und sagt: Schaut her, sind wir nicht mehr? Der Bauch hat seine eigene Not, die jetzt von ihm genommen wird, und auch mir geht es besser. Ich will dich nicht weinen hören! Bin ich schon blau? Von innen fühle ich mich ganz blau.

ALKIBIADES Ein Hund streunt mißmutig um drei Marktweiber, weil sie nichts im Angebot haben, was seine Gelüste weckt. Doch die eine hat im Tuch ein Stück Käse, auf dem sie sitzt. Der Hund schnuppert in die Luft, zieht die Hinterbeine ein und läßt sich auf die Ellenbogen der Vorderbeine nieder. Da kommt ein Ziegenbock und geht hemmungslos auf das Gemüse der Frauen zu. Schreiend springt die eine auf, ihre Beine sind ihr eingeschlafen, sie fällt hin, und aus dem Tuch fällt der Käse, springt am Hund vorbei, der schwupp ihn schnappt und gleich verschlingt. Bist du schon tot? Die Säule des Iktinos von Bassai hätte ich dir gerne gezeigt. Sie sei schöner als all die anderen, nicht nur weil sie einzeln von keiner Reihe gehindert, sondern überaus fein erstrahlt umspielt vom Licht, das in die Kehlen fällt und wieder hinauswill, aber nicht gleich. Es wandert wie immer lebendig bei Iktinos. Und dann in der absoluten Bergeinsamkeit, da kommt der Augenblick, da der Gott vor dir steht. Er geht spazieren, bis ihn die Morgensonne wieder einlädt, in die Säule zurückzukehren. Aber ich will nicht so tun, als hätte ich was zu sagen.

Ende

Nachweis der Druck- und Aufführungsrechte

Der Weltmeister
© ISBN 3 85252 578 0 *im* Verlag *publication PN*°1 Bibliothek der Provinz A-3970 WETRA 02856/3794
© Fischer Taschenbuch Verlag in der S. Fischer Verlag GmbH, Frankfurt am Main 2008
Uraufführung: Volkstheater Wien, 1. Mai 2007
Regie: Martin Oelbermann

Fünf Karpfen
unter dem Titel *Kopf und Herz*: © ISBN 3 85252 685 X *im* Verlag *publication PN*°1 Bibliothek der Provinz A-3970 WETRA 02856/3794
© Fischer Taschenbuch Verlag in der S. Fischer Verlag GmbH, Frankfurt am Main 2008
Uraufführung unter dem Titel *Kopf und Herz*: Nationaltheater Mannheim, 30. März 2007
Regie: Burkhard C. Kosminski

Einklang
© Fischer Taschenbuch Verlag in der S. Fischer Verlag GmbH, Frankfurt am Main 2008
Uraufführung: Ruhrfestspiele Recklinghausen 2007 (Coproduktion mit dramagraz), Bürgerhaus Süd, 25. Mai 2007
Regie: Ernst Binder

Arkadia
© Fischer Taschenbuch Verlag in der S. Fischer Verlag GmbH, Frankfurt am Main 2008

Theater

Fischer Taschenbuch Verlag

Theater

Witold Gombrowicz
Operette
Band 7075
Die Trauung
Geschichte
Band 7070
Yvonne, die
Burgunderprinzessin
Band 7069

Hugo von Hofmannsthal
Elektra
Tragödie in einem Aufzuge
Band 12366
Jedermann
Band 10871
Der Schwierige
Band 7111

Thomas Hürlimann
Das Lied der Heimat
Alle Stücke
Band 14277

Eugène Ionesco
Die Nashörner
Band 7034

Helmut Krausser
Stücke 93-03
Band 15979

Jan Lauwers
Sad Face / Happy Face
Band 18220

Henning Mankell
Zeit im Dunkeln
Drei Theaterstücke
Band 15980

Fischer Taschenbuch Verlag

fi 666 039 / 2 / b

Theater

Fischer Taschenbuch Verlag

fi 666 039 / 1 / c

Theater

Fischer Taschenbuch Verlag

fi 666 039 / 2 / d

Theater

Fischer Taschenbuch Verlag

fi 666 039 / 1 /e